高铁列车轮对智能输送技术

张 爽 著

科学出版社

北 京

内 容 简 介

本书是智能输送工程方面的专业书籍。本书以高铁列车轮对为对象，介绍智能输送系统的组成、技术要求等；全面阐述智能输送系统的设计和实现细节，主要包括轮对零部件立体库、配盘桁架机械手、堆垛机、RGV(有轨制导车辆)、二维码自动读取装置、输送机、成品轮对下料工位、电气系统、中央控制系统的设计和实现过程等内容。

本书既可作为企业智能输送系统设计人员、物流仓储人员的参考书，又可作为机械、计算机、物流及相关专业的教师、硕士研究生的教学用书，还可作为相关领域的科研人员、工程技术人员和决策人员的辅导书。

图书在版编目（CIP）数据

高铁列车轮对智能输送技术 / 张爽著. --北京：科学出版社，2025.2
ISBN 978-7-03-071019-2

Ⅰ. ①高…　Ⅱ. ①张…　Ⅲ. ①高速动车–智能运输系统–关系–车轮–研究　Ⅳ. ①U266

中国版本图书馆 CIP 数据核字（2021）第 260805 号

责任编辑：郭　媛 / 责任校对：崔向琳
责任印制：师艳茹 / 封面设计：蓝正设计

科学出版社 出版
北京东黄城根北街 16 号
邮政编码：100717
http://www.sciencep.com

北京中科印刷有限公司印刷
科学出版社发行　各地新华书店经销

*

2025 年 2 月第 一 版　开本：720×1000　16
2025 年 2 月第一次印刷　印张：11
字数：222 000

定价：115.00 元
（如有印装质量问题，我社负责调换）

前　言

　　转向架是高铁列车的核心组成部分，前后轮对是转向架的关键零部件。轮对承受着来自车辆和铁轨线路的全部静、动载荷，列车的驱动和制动也通过轮对发挥作用，轮对的制造质量对高铁列车行车的可靠性与安全性有至关重要的影响。2016年，工业和信息化部、财政部在联合发布的《智能制造发展规划（2016—2020年）》中确定：围绕先进轨道交通装备、节能与新能源汽车等重点领域，推进智能化、数字化技术在企业研发设计、生产制造、物流仓储、经营管理、售后服务等关键环节的深度应用。支持智能制造关键技术装备和核心支撑软件的推广应用，不断提高生产装备和生产过程的智能化水平。

　　中车长春轨道客车股份有限公司是国内五大高铁列车生产制造基地之一，在转向架轮对装配这一关键生产制造环节应用高铁列车轮对智能输送技术之前，轮对装配生产效率已严重制约了中车长客高铁列车的产能。影响转向架轮对装配生产效率的主要因素涉及两个方面，一方面是轮对接触式的人工检测方法，花费操作人员大量的时间；另一方面是轮对零部件的平面存储方式需要操作人员多次人工核对所选待装配的车轴、车轮和制动盘是否匹配，同样限制了装配生产效率的提高。针对转向架轮对制造过程关键环节——轮对装配生产效率亟待提高的实际问题，研究团队在中车长春轨道客车股份有限公司建设首条应用智能输送技术的轮对选配自动化生产线。

　　在高铁转向架轮对压装过程中，对待压装的车轴、车轮、制动盘的生产厂家、产品型号、车轴与车轮及车轴与制动盘冷压装配合处的过盈量，车轮滚动圆直径、新造及检修级别等零部件信息都有不同的选配要求。针对传统全靠人工完成上述制造质量检测及选配作业，存在效率低、差错率高等问题。并且高铁动车组轮对压装因为产品种类多及生产量大、质量要求高、生产准备周期长等特点，需要采取有效措施持续不断地提高动车组轮对压装产品的质量及生产能力。

　　本书就轮对零部件立体库及自动输送的关键技术进行了阐述。该技术已成功应用于高铁动车组转向架轮对生产制造中。该技术从根本上解决了传统人工作业易受人为因素影响的问题，同时拉动式地对生产制造过程中所需零部件的配套质量及效率提出了较高的要求，从而有效地保证了各种铁路车辆产品制造质量及生产效率的稳步提升，并为全面实现数字化制造和智能制造的目标提供了技术支撑。

目　　录

前言

第1章　高铁列车轮对智能输送技术概述 ·· 1

1.1　高铁列车轮对智能输送系统组成与应用 ··· 2

1.2　高铁列车轮对智能输送系统技术要求 ·· 4

1.2.1　立体库要求 ·· 7

1.2.2　堆垛机要求 ·· 8

1.2.3　配盘桁架机械手要求 ·· 9

1.2.4　RGV 要求 ··· 9

1.2.5　二维码自动读取装置要求 ··· 10

1.2.6　中央控制系统要求 ·· 11

1.3　高铁列车轮对智能输送系统工作流程 ·· 12

1.4　主要章节安排 ·· 14

第2章　立体库 ··· 15

2.1　货架设计标准规范 ·· 15

2.2　货架系统平面布局设计原则 ·· 15

2.3　立体货架系统 ·· 15

2.3.1　立体货架平面布局图 ·· 16

2.3.2　立体货架系统布置 ·· 17

2.3.3　立体货架托盘位置布置 ··· 17

2.3.4　立体货架结构简要说明 ··· 18

2.3.5　设计参数、技术性能指标和加工工艺说明 ·· 18

2.4　材料特性 ·· 21

2.5　单元截面类型 ·· 21

2.6　货架有限元分析 ·· 22

2.6.1　货架有限元分析主要解决的问题 ··· 22

2.6.2　有限元分析解决方案 ·· 22

2.6.3　有限元分析静力学分析 ··· 22

2.6.4　有限元分析模态分析 ·· 28

2.6.5　有限元分析地震分析 ·· 30

第3章　配盘桁架机械手 …………………………………………………………… 33

　3.1　配盘桁架机械手设计方案 …………………………………………………… 33

　　3.1.1　零部件描述 ……………………………………………………………… 33

　　3.1.2　结构说明 ………………………………………………………………… 35

　3.2　配盘桁架机械手伺服电机参数 ……………………………………………… 36

　3.3　配盘桁架机械手主要部件配置 ……………………………………………… 37

　3.4　配盘桁架机械手主要参数 …………………………………………………… 38

　3.5　配盘桁架机械手末端执行器 ………………………………………………… 39

　　3.5.1　末端执行器结构 ………………………………………………………… 39

　　3.5.2　末端执行器工作流程 …………………………………………………… 41

　3.6　配盘桁架机械手选件——Z轴防坠制动杆 ………………………………… 41

　3.7　配盘桁架机械手控制系统 …………………………………………………… 42

　3.8　集成的1t电动起重机 ………………………………………………………… 43

　3.9　零部件托盘 …………………………………………………………………… 44

　　3.9.1　零部件托盘的主要结构图 ……………………………………………… 44

　　3.9.2　零部件托盘的三视图 …………………………………………………… 45

　　3.9.3　零部件托盘的结构配置 ………………………………………………… 48

　　3.9.4　零部件托盘的具体数量 ………………………………………………… 48

　　3.9.5　零部件托盘的设计理念 ………………………………………………… 48

　　3.9.6　零部件托盘的受力分析 ………………………………………………… 49

　　3.9.7　零部件托盘实物 ………………………………………………………… 51

第4章　堆垛机 ……………………………………………………………………… 53

　4.1　堆垛机设计标准规范 ………………………………………………………… 53

　4.2　堆垛机主要性能参数 ………………………………………………………… 53

　4.3　堆垛机结构及功能说明 ……………………………………………………… 54

　　4.3.1　堆垛机结构特点 ………………………………………………………… 54

　　4.3.2　堆垛机外观标准 ………………………………………………………… 55

　　4.3.3　堆垛机的机械部件 ……………………………………………………… 55

　　4.3.4　堆垛机安全保护装置 …………………………………………………… 60

　　4.3.5　堆垛机巷道设备 ………………………………………………………… 64

　　4.3.6　堆垛机控制系统 ………………………………………………………… 64

　　4.3.7　安全措施 ………………………………………………………………… 65

　　4.3.8　安全绳安全检查周期、更换周期及保养要求 ………………………… 66

　4.4　堆垛机控制 …………………………………………………………………… 67

第 5 章 RGV ··· 69

5.1 RGV 主要结构 ·· 69

5.2 RGV 主要参数及品牌厂家 ······································ 70

5.3 RGV 主要结构配置 ·· 71

5.4 RGV 工作原理 ·· 72

5.5 RGV 参数计算过程 ·· 72

    5.5.1 RGV 走行机构的设计计算 ·································· 72

    5.5.2 链轮链条的选取校核 ··· 74

    5.5.3 走行机构减速电机的选取 ·································· 75

    5.5.4 走行机构联轴电机的选择 ·································· 76

    5.5.5 RGV 机体支架设计 ·· 76

    5.5.6 RGV 其他装置设计和选择 ································· 77

第 6 章 二维码自动读取装置 ··· 81

6.1 二维码自动读取装置布局 ··· 81

6.2 二维码自动读取装置需获取参数 ······························· 81

    6.2.1 立体库中托盘信息 ·· 81

    6.2.2 立体库中货物信息 ·· 82

    6.2.3 二维码自动读取装置工作流程 ··························· 83

6.3 二维码定位与识别 ··· 83

    6.3.1 轴端二维码定位图像 ··· 83

    6.3.2 车轮和制动盘二维码定位 ·································· 85

    6.3.3 二维码畸变校正 ·· 86

    6.3.4 实验结果及分析 ·· 88

第 7 章 输送机 ·· 91

7.1 往返辊筒式输送机 ··· 91

    7.1.1 往返辊筒式输送机的主要结构 ··························· 91

    7.1.2 往返辊筒式输送机的三视图 ······························ 92

    7.1.3 往返辊筒式输送机的技术参数 ··························· 92

7.2 往返+移载辊筒式输送机 ··· 93

    7.2.1 往返+移载辊筒式输送机的主要结构 ··················· 93

    7.2.2 往返+移载辊筒式输送机的三视图 ····················· 94

    7.2.3 往返+移载辊筒式输送机的技术参数 ··················· 95

7.3 输送机的厂家品牌及结构配置 ································· 95

7.4 自动输送线的构成、工作过程和原理 ······················· 96

    7.4.1 自动输送线的构成 ·· 96

　　　　7.4.2　自动输送线的工作过程·······························98
　　　　7.4.3　自动输送线的工作原理·······························98
　　7.5　输送机的相关分析计算·································99
　　　　7.5.1　输送机参数计算·································99
　　　　7.5.2　主要参数计算·································100
第8章　成品轮对下料工位·································102
　　8.1　成品轮对下料工位的结构图·························102
　　8.2　成品轮对下料工位的三视图·························103
　　8.3　成品轮对下料工位的技术参数·························103
　　8.4　成品轮对下料工位的结构配置·························104
　　8.5　成品轮对下料工位的工作过程·························104
　　8.6　成品轮对下料工位的相关分析计算·····················105
第9章　电气系统·································106
　　9.1　总控制图·································106
　　9.2　RGV控制图·································107
　　9.3　输送机控制图·································108
　　9.4　堆垛机控制图·································109
　　9.5　配盘桁架机械手控制图·······························110
第10章　中央控制系统·································112
　　10.1　计算机信息管理系统·································112
　　　　10.1.1　系统框架·································112
　　　　10.1.2　系统信息·································115
　　　　10.1.3　系统硬件·································116
　　　　10.1.4　接口描述·································117
　　　　10.1.5　WMS功能描述·································119
　　　　10.1.6　监控调度系统描述·························149
　　10.2　监控调度系统·································152
　　　　10.2.1　SSWCS主界面介绍·························152
　　　　10.2.2　SSWCS监控界面·························154
　　　　10.2.3　SSWCS数据显示区和异常提示栏·············155
　　　　10.2.4　SSWCS快捷操作菜单和冒泡提示栏·············157
　　　　10.2.5　SSWCS功能项·······························157
参考文献·································166

第1章 高铁列车轮对智能输送技术概述

目前，轨道列车零部件的存储与压装由多设备与多工装零部件单独存储，即车轴、车轮、制动盘等均单独存放，每台设备与工装由若干名操作人员共同协调操作，设备之间的转运依靠天车完成，造成工人劳动量大，协调效率低，生产现场凌乱且容易出现事故等问题。

现有轨道列车行业的发展，对压装效率、压装质量[1]提出了新的要求。现有的工艺是先人工测量车轴和车轮、制动盘的压装配合处的直径尺寸，再人工确认车轴、车轮和制动盘的压装过盈量和厂家及型号等是否满足轮对压装技术要求，若满足轮对压装技术要求，则人工操控天车或叉车将车轴、制动盘、车轮搬运到轮对压装机设备处准备进行压装。但是，在实际生产中不是一次就能够找到合适的轮对压装零部件，而是需要人工多次寻找、人工反复测量、人工判断、人工搬运等才能凑齐可以进行压装的轮对零部件，因此经常受人为等因素的影响，造成轮对压装效率低且差错率高等问题。图 1.1 和图 1.2 为某高铁生产企业车轮、车轴存储方式。

图 1.1　车轮存储方式　　　　　　图 1.2　车轴存储方式

因此，在当前形势下，提供一种能够提高生产现场的智能化[2]、整洁化水平，可高效、安全、大批量、规模化生产压装的高铁列车轮对智能输送系统十分必要。

1.1 高铁列车轮对智能输送系统组成与应用

高铁列车轮对智能输送系统主要由 1 套轮对零部件立体库、1 套堆垛机、1 套配盘桁架机械手(包括 1 套 1t 电动起重机)、1 套轮对组成零部件自动输送线、1 套自动输送有轨制导车辆(rail guided vehicle，RGV)、1 处托盘入库口、1 处托盘出库口、1 处空托盘入库口及满托盘出库口、2 处动/拖车轮对组件配盘入/出库口、2 处车轮/制动盘托盘入/出库口、2 处配好托盘缓存工位(每处应设有满托盘和空托盘存放位置)、2 处成品轮对缓存工位、1 处成品轮对下料工位以及地轨等构成(图 1.3)，用于完成各种铁路客车的动车和拖车轮对零部件的自动存取及配盘输送等工作。

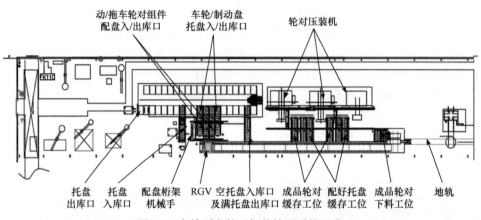

图 1.3 高铁列车轮对智能输送系统组成

高铁列车轮对智能输送系统包括沿 RGV 运输线路顺次设置的轮对零部件上料及选配区、轮对压装区、成品轮对下料区，还包括对各区单机设备及 RGV 实施控制的中央控制系统。轮对零部件上料及选配区包括轮对零部件上料及信息采集区、轮对零部件入库及出库运输区、轮对零部件存储区、轮对零部件选配区。轮对零部件上料及信息采集区和轮对零部件选配区位于轮对零部件入库及出库运输区靠近 RGV 的一侧，轮对零部件存储区位于轮对零部件入库及出库运输区远离 RGV 的一侧。轮对压装区用于将选配好的轮对零部件压装为成品轮对；成品轮对下料区用于将成品轮对与对应托盘分离，并将成品轮对弹出，将对应空托盘送回。

高铁列车轮对智能输送系统可将各个单机设备利用数字化、信息化手段进行连接，自动完成存放零部件信息采集、轮对零部件入库、轮对零部件存储、轮对零部件选配、轮对压装、成品轮对输出以及各工位之间的零部件运输，提高了生产现场的智能化，使工作现场整洁，生产安全高效，可实现大批量、规模化生产。

轮对零部件上料及信息采集区包括顺次连接的轮对零部件托盘入库口、托盘及轮对零部件自动扫码系统以及轮对零部件托盘出库口,轮对零部件托盘出库口正对轮对零部件入库及出库运输区。

轮对零部件入库及出库运输区包括堆垛机,堆垛机能够将轮对零部件上料及信息采集区上输出的轮对零部件运输至轮对零部件存储区,并且能够将轮对零部件存储区内的轮对零部件运输至轮对零部件选配区。

轮对零部件选配区包括轮对零部件自动选配系统、车轮或制动盘托盘入/出库口、动车或拖车轮对零部件托盘入/出库口、轮对零部件托盘出库及空托盘入库口。堆垛机将轮对零部件存储区中的轮对零部件运输至车轮或制动盘托盘入/出库口和动车或拖车轮对零部件托盘入/出库口的托盘中,轮对零部件自动选配系统,再由中央控制系统进行控制,将合适的轮对零部件放入一个动车或拖车轮对零部件托盘入/出库口的托盘中,配好的动车或拖车轮对零部件托盘被堆垛机自动放置在轮对零部件存储区内或被 RGV 自动输送到轮对压装区内;轮对零部件托盘出库口及空托盘入库口用于回收由轮对压装区运回的轮对零部件空托盘,或者将轮对零部件存储区内配好的动车或拖车轮对零部件托盘输送到轮对压装区内。

轮对零部件存储区为容纳轮对零部件托盘的立体库,立体库的一端设置有空托盘出库口。

轮对压装区包括动车或拖车轮对零部件托盘入/出库口、3t 电葫芦、轮对压装机、成品轮对托盘入/出库口一等。动车或拖车轮对零部件托盘入/出库口靠近轮对压装机的一侧,且设有动车或拖车轮对零部件托盘存放工位;成品轮对托盘入/出库口一靠近轮对压装机的一侧,且设有成品轮对托盘存放工位;3t 电葫芦先将处于对应工位上的动车或拖车轮对零部件送入轮对压装机制成成品轮对,再将成品轮对放入对应工位上的成品轮对托盘中。

动车或拖车轮对零部件托盘入/出库口远离轮对压装机一侧,旁边还顺次设有动车或拖车轮对零部件空托盘横移装置以及动车或拖车轮对零部件空托盘缓存工位。

成品轮对下料区包括顺次设置的成品轮对托盘横移装置、成品轮对空托盘缓存工位、成品轮对托盘入/出库口二、成品轮对从成品轮对托盘里弹出工位、成品轮对下料工位等。成品轮对下料工位的转轨机构自动将成品轮对输送到地轨上,成品轮对的空托盘自动转运到成品轮对下料工位的空托盘缓存位置上;RGV 输送下一次成品轮对后,直接将该缓存位置上的成品轮对空托盘取走,并输送到轮对压装区的成品轮对缓存工位上。

轮对零部件托盘里的每个轮对零部件上都设置有二维码。

1.2 高铁列车轮对智能输送系统技术要求

高铁列车轮对智能输送系统可以实现各种动车轮对单元(每条动车轮对包括 1 个车轴齿轮箱、2 个车轮等)、拖车轮对单元(每条拖车轮对包括 1 个车轴、2 个车轮、3 个制动盘等)所有零部件二维码生成及扫描检索，实现各种零部件在立体库中的自动存取，还能够按照车型、尺寸公差等生产要求自动实现各种动车和拖车轮对零部件的配盘作业(自动实现将组成 1 条轮对的合适零部件放置在同一个托盘里)，也能够实现将已经配好盘的轮对零部件托盘自动输送到相应轮对压装机旁边的两处轮对零部件配好托盘缓存工位上，并能够实现将已经组装好的成品轮对从轮对压装机的成品轮对缓存工位上自动输送到成品轮对下料工位处，须保证成品轮对的下料装置的轨道和地轨高度一致，然后将成品轮对自动弹出到地轨上。典型轮对零部件参数如下。

图 1.4 为 CRH3 动车车轴齿轮箱，其长×宽×高为 2180mm×1100mm×675mm，质量为 750kg，每条动车轮对有 1 个。

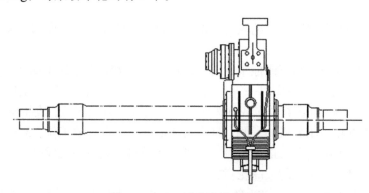

图 1.4 CRH3 动车车轴齿轮箱

图 1.5 为拖车车轴，其长×直径为 2180mm×199mm，质量为 385kg，每条拖车轮对有 1 个。

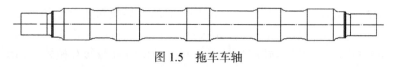

图 1.5 拖车车轴

图 1.6 为拖车车轮，其轮毂厚 175mm，轮辋厚 135mm，滚动圆直径为 810～920mm，车轮质量约 340kg，每条拖车轮对有 2 个。

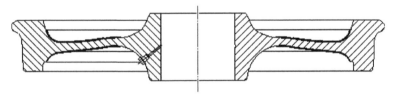

图 1.6　拖车车轮

图 1.7 为轴装制动盘，其直径为 640mm，CRH5 盘毂厚 120mm，CRH3 盘毂厚 150mm，盘厚 66～80mm，质量约 130kg，一般每条拖车轮对有 3 个。

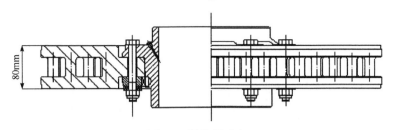

图 1.7　轴装制动盘

图 1.8 为 CRH3 动车轮对组件，其长×宽×高为 2180mm×1100mm×1000mm，质量为 1639kg。

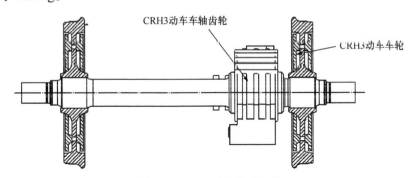

图 1.8　CRH3 动车轮对组件

图 1.9 为拖车轮对组件，其长×宽×高为 2180mm×1000mm×1000mm，质量为 1457kg。

图 1.10 为 CRH5 动车轮对组件，其长×宽×高为 2180mm×1100mm×1000mm，质量为 1603kg。

图 1.11 为 CRH5 动车车轴齿轮箱，其长×宽×高为 2180mm×850mm×680mm，质量为 738kg，每条动车轮对有 1 个。

图 1.12 为 CRH3 动车车轮，其轮毂厚 175mm，轮辋厚 135mm，滚动圆直径为 810～920mm，动车车轮质量为 495kg，每条动车轮对有 2 个。

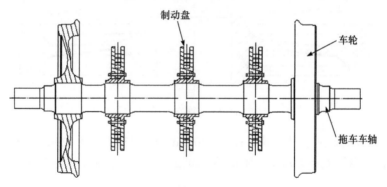

图 1.9　拖车轮对组件

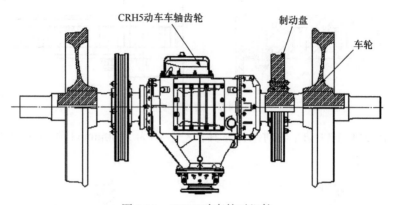

图 1.10　CRH5 动车轮对组件

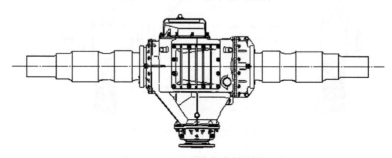

图 1.11　CRH5 动车车轴齿轮箱

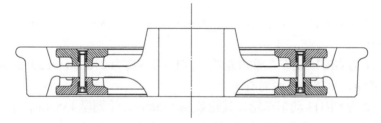

图 1.12　CRH3 动车车轮

1.2.1　立体库要求

1. 立体库布置要求

立体库高度方向采用地面上 6 层和地面下 1 层，共计 7 层，地面上高度小于 10m。宽度方向采用两排立体货架(两排中间配置 1 台堆垛机)。长度方向配置 18 列立体货架，立体库的长度应小于等于 35m。

2. 立体库存储量要求

CRH3 动车轮对组件托盘货位数量为 61 个、CRH5 动车轮对组件托盘货位数量为 16 个、拖车轮对组件托盘货位数量为 76 个、车轮托盘货位数量为 61 个、制动盘托盘货位数量为 21 个，总货位数量为 235 个，立体库托盘货位工作载荷 3t。

3. CRH3 动车轮对组件托盘要求

CRH3 动车轮对组件托盘数量为 61 个，该托盘需要同时考虑车轴齿轮箱(图 1.4)以及立式放置 2 个 CRH3 动车车轮(图 1.12)的位置(1 个车轴齿轮箱在入库前已经放在托盘中)，每个托盘的承重应大于等于 1800kg。

4. 拖车轮对组件托盘要求

拖车轮对组件托盘数量为 76 个，该托盘需要同时考虑水平放置 1 个拖车车轴、立式放置 2 个拖车车轮(图 1.6)、立式放置 3 个轴装制动盘(图 1.7)的位置，每个托盘的承重应大于等于 1600kg。其须保证满足 CRH3 和 CRH5 拖车轮对的配盘放置要求，并保证满足拖车车轴上已经装好 1 个制动盘、2 个制动盘和 3 个制动盘的放置要求。

5. 车轮托盘要求

拖车车轮(图 1.6)和 CRH3 动车车轮(图 1.12)装盘后的车轮托盘数量为 61 个，每个车轮托盘应同时考虑立式放置 4 个拖车车轮(图 1.6)和 4 个 CRH3 动车车轮(图 1.12)的位置，每个托盘的承重应大于等于 2300kg，并须保证 CRH3 和 CRH5 车轮的配盘放置要求。

6. 制动盘托盘要求

制动盘托盘数量为 21 个，每个托盘应同时考虑立式放置大于等于 9 个制动盘的位置，每个托盘的承重应大于等于 1700kg，并须保证 CRH3 和 CRH5 制动盘的配盘放置要求。

7. CRH5 动车轮对组件托盘要求

CRH5 动车轮对组件托盘数量为 16 个,该托盘应同时考虑立式放置 2 个拖车车轮(图 1.6)、2 个轴装制动盘(图 1.7)的位置,每个托盘的承重应大于等于 1800kg。

8. 成品轮对托盘要求

成品轮对托盘数量为 2 个,该托盘放置 1 条 CRH3/CRH5 动车或拖车轮对的位置,考虑动车轮对齿轮箱带辅助支承滚轮的放置要求,并考虑成品轮对自动弹出的要求,每个托盘的承重应大于等于 1800kg。

9. 托盘结构形式要求

上述所有托盘的设置应方便进出立体库及堆垛机作业,方便自动读取托盘及零部件的二维码,并方便配盘桁架机械手自动摆放车轮和制动盘。

上述各托盘的结构形式须保证零部件放置后运输过程中不能发生倾倒、滑落等事故。托盘应保证实现叉车运输和天车吊运,并方便零部件和托盘之间的上下吊运。零部件和托盘接触处应设置尼龙等软质材料,以防止零部件磕碰伤,采用的软质材料应耐磨且容易更换。

10. 托盘入/出库口要求

立体库设置 1 处托盘出库口、1 处托盘入库口、2 处动/拖车轮对组件配盘入/出库口、2 处车轮/制动盘托盘入/出库口、1 处空托盘入库口及满托盘出库口,主要完成轮对零部件配盘及空/满托盘入/出库等工作。

11. 内部倒库要求

立体库应具备内部倒库功能,即不仅能够实现将车轮托盘中只剩下 1 个车轮的托盘自动导出到其他相对满的车轮托盘中,还能够实现将制动盘托盘中只剩下 2 个制动盘的托盘自动导出到其他相对满的制动盘托盘中,并能够将倒出或准备配盘的空托盘从托盘出库口输出,准备进行下一轮的零部件入库。

1.2.2　堆垛机要求

1. 速度要求

堆垛机空载速度应大于等于 40m/min,满载速度应大于等于 30m/min。

2. 最大工作承载能力

堆垛机最大工作载荷 3t。

3. 节拍和工作模式

堆垛机应保证满足每天 18 条动车轮对和 18 条拖车轮对的生产存取要求。堆垛机具有自动、半自动和手动三种操作模式，并采取措施确保在任何情况下其仍能够将零部件托盘取出。

4. 其他要求

堆垛机应采用激光定位存取各个货位的托盘，承载轮和导向轮外表面应采取措施降低运行噪声且符合行业标准，货叉采用欧美进口产品，其长度应大于等于 2400mm。

1.2.3　配盘桁架机械手要求

1. 起吊重量要求

配盘桁架机械手的最大起吊重量应大于等于 600kg。

2. 速度要求

配盘桁架机械手空载速度应大于等于 20m/min，满载速度应大于等于 10m/min。

3. 作业要求

配盘桁架机械手须保证能够自动抓取动车车轮、拖车车轮、制动盘等进行各个托盘的配盘作业。配盘桁架机械手的轨道上集成 1 套 1t 电动起重机，该起重机设置须保证不能影响配盘桁架机械手的正常作业，其主要用于当配盘桁架机械手故障时，人工遥控进行配盘作业。配盘桁架机械手的适配器能够保证在准确、稳定抓取车轮或制动盘后安全、可靠运行，不影响配盘桁架机械手后续准确配盘作业。

1.2.4　RGV 要求

1. 速度要求

RGV 的空载速度应大于等于 40m/min，满载速度应大于等于 30m/min。

2. 载荷要求

RGV 最大工作载荷应大于等于 2500kg。

3. 高度要求

RGV 上表面和地面高度应保证基本一致。

4. 节拍要求

RGV 能够满足每天 36 条轮对的压装配送和成品轮对输送的要求，具体内容如下。

(1) RGV 应设置软/硬件及安全防撞装置，以确保运行安全。

(2) RGV 在各个工位之间的往返运行采用激光定位，承载轮和导向轮外表面应采取措施降低运行噪声且符合行业标准。

(3) RGV 应满足各种托盘的自动上下移动及运输要求。

(4) RGV 应具有故障后人工推动和天车吊运功能，便于运输到维修区进行修理。

1.2.5 二维码自动读取装置要求

1. 二维码信息要求

所有进入立体库中的零部件必须在零部件合适位置粘贴二维码，生成的二维码信息应包括零部件的车型、名称、图号、序列号、尺寸公差等信息，并存储在中央数据库中且与生成的二维码相关联。

2. 二维码读取要求

人工装好的托盘通过叉车放到托盘入库口处的自动输送托架上，并通过托盘入库口处设置的二维码自动读取装置实现托盘上所有零部件及托盘二维码的自动读取、捆绑和上传到设备中央数据库等工作。二维码自动读取装置安装的读取传感器配置须满足托盘上所有零部件包括托盘本身的二维码自动读取要求，所有读取传感器的设置须保证能够快速读取到托盘上所有零部件和托盘本身的二维码信息。二维码自动读取装置的设置应具有纠错报警功能，保证所有托盘和托盘中的零部件摆放位置及方向均满足入库要求，若出现不符合要求的情况，则应立即报警，确保所有入库的托盘及零部件均满足选配要求。

3. 备用要求

在托盘入库口处配置 1 套备用手动扫描读取二维码装置，保证在二维码自动读取装置故障的情况下，利用该装置手动扫描读取托盘上所有零部件及托盘本身的二维码信息，须采取措施保证手动扫描托盘上的各个零部件二维码及托盘二维码顺序正确无误，并通过网络与中央数据库进行通信，确保托盘实现正常扫码入库。

4. 二维码粘贴位置要求

提供 CRH3 动车带齿轮箱的车轴、CRH5 动车带齿轮箱的车轴、动车车轮、拖车车轮、制动盘等二维码粘贴位置的图纸及尺寸等信息描述，二维码粘贴位置须保证不影响下一道工序，如动车或拖车轮对的车轮径向跳动(0.1mm)、车轮端跳(0.2mm)、制动盘端跳(0.3mm)的正常检测。车轮径向跳动和车轮端跳检测位置示意图如图 1.13 所示。

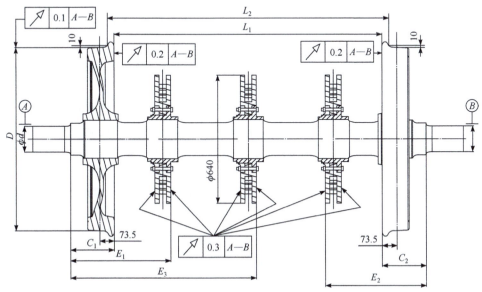

图 1.13　车轮径向跳动和车轮端跳检测位置示意图(单位：mm)

1.2.6　中央控制系统要求

中央控制系统应具有立体库零部件托盘入库和出库功能及其库位信息实时更新功能；应具有库品入/出库查询功能，可以实时查看、统计库存信息；应具有根据生产计划自动配盘功能，即根据工艺要求自动查找符合要求的托盘，并由堆垛机自动输送到配盘桁架机械手处，配盘桁架机械手根据系统反馈的合适零部件在托盘上的具体位置信息，自动抓取托盘上的合适零部件进行配盘作业；应具有托盘识别验证、信息绑定功能；应具有工作时间、生产计划设置功能；应具有自动倒库控制功能，以提高立体库存储空间利用率；应配备先进可靠的中央数据库、计算机操作终端、条码生成及扫描装置、工业网络系统等，确保上述功能能够满足长时间生产要求。

通过中央控制系统自动实现轮对组件入库、自动根据生产计划要求配盘、自动将配好的托盘输送到轮对压装机处、自动将成品轮对输送到成品轮对下料工位，并完成自动下料、自动倒库、空托盘自动入库、入/出库信息及时间统计、生产调度计划执行及管理、输出及打印等功能。

中央控制系统能够实现根据车型、新造/三级修/四级修/五级修、车轮滚动圆直径、车轮孔直径及公差、同一轮对车轮滚动圆直径之差、车轮与轴过盈量等进行轮对的自动配盘要求。例如，CRH3 同一轮对车轮直径≤0.3mm，动车轮和轴过盈量≥0.21mm，拖车轮和轴过盈量≥0.238mm，CRH5 新造/检修同一轮对车轮直径≤0.15mm/0.5mm，轮和轴过盈量为 0.24～0.3mm。

中央控制系统能够实现根据车型、新造/三级修/四级修/五级修、制动盘孔直径及公差、制动盘与轴过盈量等进行轮对的制动盘自动配盘要求。例如，CRH3 制动盘和轴过盈量≥0.207mm，CRH5 制动盘和轴过盈量为 0.225～0.285mm。

在轮对自动配盘时，应遵循入库时间早的轮对零部件优先安排配盘出库压装、轮对零部件序列号较小的优先安排配盘出库压装的原则。

动车轮对组件托盘装入动车带齿轮箱的车轴组件后，若现场有满足要求的动车车轮，则可以将动车车轮直接装入动车轮对组件托盘中，该托盘入库后需要配盘时，软件系统应能够按照配盘的要求重新判断是否符合配盘要求，若不符合，则应报警提示。

拖车轮对组件托盘装入拖车车轴或拖车车轴带 1～3 个制动盘组件后，若现场有满足要求的拖车车轮和制动盘，则可以将拖车车轮和制动盘直接装入拖车轮对组件托盘中，该托盘入库后需要配盘时，软件系统应能够按照配盘的要求重新判断是否符合配盘要求，若不符合，则应报警提示。

在车轮托盘和制动盘托盘货位都是满的情况下，动车或拖车轮对组件托盘能够从托盘出库口输出，实现将满足配盘要求的车轮或制动盘装入组件托盘后再入库。

1.3　高铁列车轮对智能输送系统工作流程

高铁列车轮对智能输送系统工作流程具体如下。

(1) 使用风动砂轮、手动气枪、清洁剂等完成对光车轴、动车带齿轮箱的车轴、拖车车轴带若干制动盘、动拖车车轮、制动盘等轮对零部件入库前清理和尺寸测量。

(2) 使用二维码系统打印包含轮对零部件车型、序列号、尺寸公差等信息的二维码，并将二维码粘贴到车轮、制动盘和车轴上。

(3) 动车轮对组件装入托盘、拖车轮对组件装入托盘、车轮装入托盘、制动盘装入托盘。

(4) 轮对零部件装好托盘后通过叉车放到立体库托盘入库口处，二维码自动扫描装置扫描托盘及托盘中的零部件二维码，绑定入库，并将绑定信息自动上传至中央控制系统，堆垛机根据二维码绑定信息自动将托盘送至立体库合适的位置。

(5) 中央控制系统根据生产计划输入信息，自动完成轮对组件托盘筛选，且按轮对类型、维修等级、尺寸公差等要求，完成轮对组件托盘的自动配盘。

(6) 中央控制系统自动判断轮对压装机处配好托盘缓存工位的满托盘存放位置是否为空，若是空的，则中央控制系统自动将已经配好的 CRH3 三级修的拖车轮对组件托盘通过堆垛机和 RGV 输送到轮对压装机处托盘缓存工位的满托盘存放位置，然后 RGV 和堆垛机将托盘缓存工位的空托盘存放位置上的空托盘自动输送到立体库中。

(7) 轮对压装机操作人员利用轮对压装机处二维码读取装置手动读入轮对组件托盘中的零部件二维码信息，并手动将需要的序列号等信息输入轮对压装机控制系统中，操作人员将配好托盘里的组件吊运到轮对压装机上进行压装作业；在托盘缓存工位的满托盘空了后，由操作人员按下"空托盘回库"按钮，RGV 将空托盘送回至库区入/出库输送机，空托盘入库；压装好的轮对吊放到成品轮对缓存工位的托盘上(动车轮对要安装好齿轮箱辅助支承滚轮后装入成品轮对托盘)。

(8) 轮对压装机操作人员根据成品轮对下料工位处的轮对存放情况，按下"成品轮对完成"按钮，RGV 将装好成品轮对的托盘自动输送到成品轮对下料工位上；成品轮对下料工位的转轨机构自动将成品轮对输送到地轨上，成品轮对的空托盘自动转运到成品轮对下料工位的空托盘缓存位置；RGV 输送下一次成品轮对后，直接将该缓存位置的成品轮对空托盘取走，并将其输送到轮对压装机处的成品轮对缓存工位。

高铁列车轮对智能输送系统工作流程如图 1.14 所示。

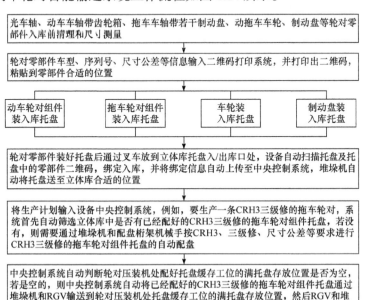

图 1.14　高铁列车轮对智能输送系统工作流程

1.4 主要章节安排

本书主要章节安排如表 1.1 所示。

表 1.1 本书主要章节安排

章节	章节名称	主要内容
第 2 章	立体库	立体库的布置、设计与性能
第 3 章	配盘桁架机械手	配盘桁架机械手的设计、配置、关键部件的设计及托盘的设计
第 4 章	堆垛机	堆垛机的设计标准、结构
第 5 章	RGV	RGV 的设计原理、结构
第 6 章	二维码自动读取装置	二维码自动读取装置的布局、读取信息及识别
第 7 章	输送机	两种输送机的主要结构、三视图和技术参数，输送机的厂家品牌及结构配置，自动输送线的构成、工作过程和原理，以及输送机的相关分析计算
第 8 章	成品轮对下料工位	成品轮对下料工位的结构、配置、工作原理等
第 9 章	电气系统	电气控制系统工作流程
第 10 章	中央控制系统	计算机信息管理系统和监控调度系统

第2章 立 体 库

2.1 货架设计标准规范

对于货架部分的要求，货架系统设计严格执行国家及行业相关标准，并参考国外相关设计标准。货架设计依据如下标准规范。

(1) 《立体仓库焊接式钢结构货架 技术条件》(JB/T 5323—2017)。

(2) 《钢货架结构设计规范》(CECS 23：90)。

(3) 《建筑结构荷载规范》(GB 50009—2012)。

(4) 《钢结构设计标准》(GB 50017—2017)。

(5) 《冷弯薄壁型钢结构技术规范》(GB 50018—2002)。

(6) 《自动化立体仓库 设计规范》(JB/T 9018—2011)。

(7) 《钢结构工程施工质量验收标准》(GB 50205—2020)。

(8) 《建筑抗震设计规范(2016 年版)》(GB 50011—2010)。

(9) 《钢铁工件涂装前磷化处理技术条件》(GB/T 6807—2001)。

(10) 《有轨巷道堆垛起重机设计规范 高架仓库的公差、变形和间隙》(FEM 9.831—1995)。

(11) 《托盘用静力钢货架设计》(FEM 10.2.02)。

2.2 货架系统平面布局设计原则

货架系统平面布局设计原则具体如下。

(1) 现场整洁有序，货架入/出库端头保持齐平，便于人员参观与入/出库搬运设备运行。

(2) 为库内搬运设备作业留有合理空间，便于设备日常作业，不拥挤。

(3) 便于开展货架系统初始安装、上线运行及后期维护的工作。

2.3 立体货架系统

立体库结构简图如图 2.1 所示。

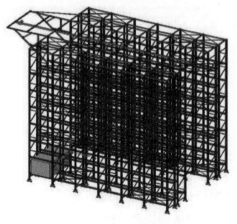

图 2.1　立体库结构简图

2.3.1　立体货架平面布局图

立体库高度方向采用地面上 6 层和地面下 1 层。共计 7 层，宽度方向采用两排立体货架(两排中间配置 1 台堆垛机)，长度方向应配置 18 列立体货架。立体货架前排和后排平面布局分别如图 2.2 和图 2.3 所示。

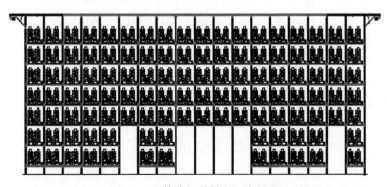

图 2.2　立体货架前排平面布局图

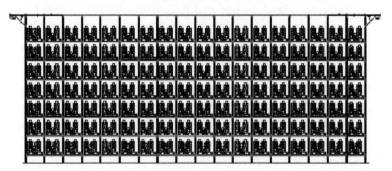

图 2.3　立体货架后排平面布局图

2.3.2 立体货架系统布置

载荷 3t 托盘立体货架系统布置如图 2.4 所示。

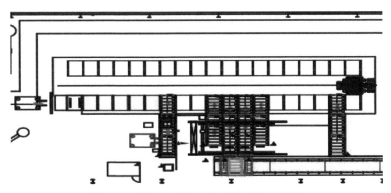

图 2.4 载荷 3t 托盘立体货架系统布置图

2.3.3 立体货架托盘位置布置

立体库存储量要求：CRH3 动车轮对组件托盘货位数量为 61 个、CRH5 动车轮对组件托盘货位数量为 16 个、拖车轮对组件托盘货位数量为 76 个、车轮托盘货位数量为 61 个、制动盘托盘货位数量为 21 个，总货位数量为 235 个，立体库托盘货位工作载荷 3t。

立体货架托盘位置布置如图 2.5 所示。

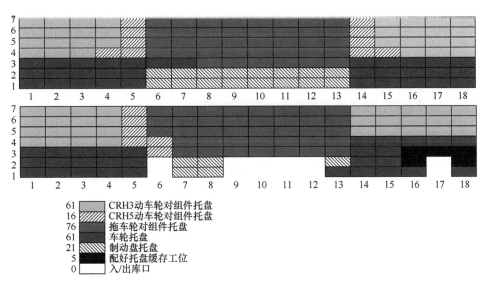

图 2.5 立体货架托盘位置布置

2.3.4 立体货架结构简要说明

额定载荷 3t 托盘立体货架的设计要求如下。

(1) 货架形式为横梁式货架[3-5]。

(2) 横梁选用尺寸为 120mm×50mm×1.5mm 的抱合梁，在保证承载的情况下，其应具有重量轻、承载力强、造价低等特点，材料厚度为 1.5mm，能满足各层承载要求，横梁可上下以 75mm 的节距进行调节。

(3) 横梁柱卡采用模具冲压一次成型，工艺先进合理，柱卡材料采用优质钢材，具有良好的抗弯性能。

(4) 立柱片的尺寸为 $H11940mm×D1000mm$，双排立柱片，立柱尺寸为 100mm×70mm×2mm，其具有 12 个折面的冷弯薄壁多孔结构，且具有弯扭屈曲强度高、抗拉压稳定性好等结构特点。

(5) 3t 托盘的长度为 1350mm，进深为 2400mm，考虑到应留有一定的余量，因此货格的长设为 1550mm，柱片深度设为 2300mm。

(6) 双排货架的背后，考虑到安装背拉杆等的空间，双排立柱片中间的尺寸为 300mm。

(7) 货架上在由下而上的双层中共设有 5 套水平拉杆，水平拉杆将货架连接成整体，防止立柱因受压而出现弯曲，确保每根立柱的直线度和垂直度。

(8) 货架背后设有背拉杆，采用连接件与货架相连接，既可保证货架的整体性，又可保证立柱的直线度和垂直度，确保货架的正常使用。

(9) 立柱底端设有可调节式底脚，配有两个调节螺栓，调节范围为±20mm，确保货架在库区地坪的平整度超出设计要求的范围时也可正常安装和使用。

(10) 每片货架的顶部均设有吊梁，用于保证天轨的吊装和货架的整体稳定。

(11) 货架顶端配有端部网架，以保证天轨外伸部分及天轨车挡的安装。

2.3.5 设计参数、技术性能指标和加工工艺说明

1. 设计参数

自动化立体仓库设计 1 个巷道，具体设计参数和技术性能指标如表 2.1 所示。

表 2.1　3t 托盘立体货架参数

序号	项目	数据/符合的要求
1	货架形式	横梁式（与库房分离）
2	货格形式	1 货位
3	货架高度	11940mm

续表

序号	项目	数据/符合的要求
4	货格宽度	1550mm
5	货格高度	1500mm
6	货格载荷	3000kg
7	货架规模	2 排×18 列×7 层–12 个=240 个货位
8	货架精度	符合国家标准
9	货架颜色	按照用户要求
10	货架表面处理工艺及规范	采用环氧树脂粉末静电喷涂工艺，涂层厚度为 60～80μm

2. 技术性能指标

3t 托盘立体货架技术性能指标具体如下。

(1) 货架横梁和立柱材料采用上海宝钢高品质钢材 SPCC(冷弯钢板)，保证优质的生产加工精度和良好的防锈功能。货架整体设计应符合《立体仓库焊接式钢结构货架　技术条件》(JB/T 5323—2017)国家标准要求。

(2) 立体仓库货架采用独立的钢结构系统，为横梁式货架，横梁以 75mm 为节距调整，3t 托盘立体货架每个货位载荷≥3t(含托盘质量)。货架严格按照《托盘用静力钢货架设计》(FEM 10.2.02)设计，保证足够的强度和稳定性，应具有承受因货物分布不均而造成偏载的能力。

(3) 货架防震设防严格执行《建筑抗震设计规范(2016 年版)》(GB 50011—2010)，丙类建筑、地震作用和抗震措施均应符合项目所在地区抗震设防烈度要求，抗震设防烈度按照国家规定标准(7 度)执行，基本地震加速度为 0.1g。

(4) 货架颜色依据用户的仓储标准化建设要求。

(5) 货架基础地坪应当具有足够的承载能力(包括集中载荷)，地面平整度偏差不能超过《立体仓库焊接式钢结构货架　技术条件》(JB/T 5323—2017)标准。

(6) 货架要求有能力承受由货物重量分布不均所造成的变形。

(7) 货架安装按照《有轨巷道堆垛起重机设计规范　高架仓库的公差、变形和间隙》(FEM 9.831—1995)进行，如 AS/RS(automated storage and retrieval system，自动存取系统)高位货架安装精度和偏差要求等。

(8) 货架端部应采取加强措施，以承受由堆垛机入/出库动作引起的横向冲力。

(9) 货架安全系数应不小于 1.75，其他技术条件应符合相关国家标准。

(10) 横梁长度尺寸误差应小于 1mm，装配后两端高低误差应小于 1mm，全长范围内横梁水平偏差应小于 1/1000mm，最大不超过 10mm，承载最大载荷时横梁挠度应不大于 $L/300$mm(L 为立体库长度)，最大不超过 8mm。

(11) 货架片全高的极限偏差应不大于±2mm，全宽的极限偏差应不大于±2mm。

(12) 货架的固定及其他配套的钢架均应满足指定要求，货架的设计、运输、安装、测量、调试等工作由集成商负责。所有材料、工具、作业人员、各种紧固件等均由集成商提供。

(13) 考虑到安装时可能会发生掉漆的情况，应做好在现场进行补漆工作的准备。

(14) 货架顶部和背部应设有拉杆，以保证安装精度和稳定性。

(15) 货架区内货架基础地坪的沉降变形应小于 $L/1000$mm；在货架安装前，地面平整度允许偏差应符合《自动化立体仓库 设计规范》(JB/T 9018—2011)标准。

(16) 自动化立体仓库是由计算机控制的，是全自动作业的一种货物存取方式，一般情况下自动立体仓库的库内是不允许进入人员的，除非检修或其他特殊需要。为保证安全，在入/出库端设计有 1.2m 高的不锈钢安全防护栏，并开有检修门，以防止人员误入库区，造成意外事故。

其他技术条件误差要求如表 2.2 所示。

表 2.2 其他技术条件误差要求

技术条件	误差要求
立柱全长调节孔距	误差不大于±2mm
相邻孔距	误差小于 0.1mm，尺寸极限偏差不大于±2mm
立柱片弯曲	误差小于 $L/1000$mm，最大不超过 10mm
立柱与安装地面	垂直偏差小于 $L/1000$mm，最大不超过 10mm

3. 加工工艺说明

货架加工工艺具体要求如下。

(1) 表面防腐处理应符合《钢铁工件涂装前磷化处理技术条件》(GB/T 6807—2001)标准，表面喷塑处理按照国家电网公司标准化仓储体系建设要求实施，保证表面光滑、无漏色、无色差、无起泡等。

(2) 货架表面处理采用环氧树脂粉末静电喷涂工艺，涂层厚度为 60～80μm，静电喷涂工艺流程如图 2.6 所示。塑粉为阿克苏诺贝尔粉末，其静电喷涂附着力应达到《涂装作业安全规程 静电喷漆工艺安全》(GB 12367—2006)标准中的要求，表面质量应符合《涂覆涂料前钢材表面处理 表面清洁度的目视评定 第 1 部分：未涂覆过的钢材表面和全面清除原有涂层后的钢材表面的锈蚀等级和处理等级》(GB/T 8923.1—2011)标准规定；其硬度(耐磨性)为普通硝基漆的 100 倍以上，应达到《色漆和清漆 铅笔法测定漆膜硬度》(GB/T 6739—2006)标准中的 2H 要求；其耐腐蚀性应达到《色漆和清漆 耐中性盐雾性能的测定》(GB/T 1771—2007)标准中大于 500h 的要求。

图 2.6 静电喷涂工艺流程

2.4 材 料 特 性

根据设计参数，本节分析所用的所有自轧单元材料均为 Q235/SS400，其材料属性为：弹性模量 E 为 $2.06×10^{11}$Pa，泊松比 μ 为 0.3，材料密度 ρ 为 $7.85×10^3$kg/m^3，屈服强度 σ_s 为 235MPa。根据钢结构设计规范，热轧型钢的许用应力$[\sigma]$为 215MPa，冷弯型钢的许用应力$[\sigma]$为 205MPa，它们的抗拉极限 σ_b 均为 375MPa。

2.5 单元截面类型

当有限元分析中 Beam 单元不考虑放置位置时，主要截面形状如图 2.7 所示。

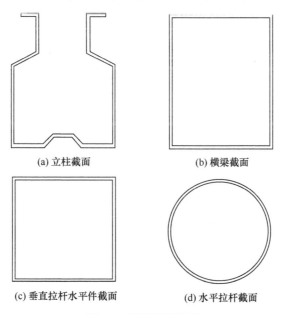

图 2.7 单元截面类型

2.6　货架有限元分析

2.6.1　货架有限元分析主要解决的问题

货架有限元分析主要解决的问题具体如下。

(1) 研究货架在承载和自重作用下的变形和应力。

(2) 研究货架的固有频率和阵型。

(3) 研究货架在满载、自重以及地震载荷作用下的变形和应力。

2.6.2　有限元分析解决方案

借助有限元分析可实现的功能具体如下。

(1) 借助有限元分析 Engineering Data[6]可实现材料属性的定义。

(2) 借助有限元分析 SCDM 可实现对货架模型的简化。

(3) 借助有限元分析接触分析功能可自动识别装配体之间的接触关系，默认为 Bonded。

(4) 借助有限元分析 Meshing 可实现货架模型的网格剖分。

(5) 借助有限元分析静力学分析模块可研究货架在自重和满载工况下的强度、刚度等问题。

(6) 借助有限元分析模态分析模块可研究货架的固有频率和阵型，为地震分析提供振动依据。

(7) 借助有限元分析地震分析模块可研究货架在自重、满载和地震载荷作用下的变形、应力等问题。

2.6.3　有限元分析静力学分析

有限元分析静力学分析[7]的目的是研究结构在承受外载荷作用下的变形、应力和安全系数，为设计提供科学指导依据。

1. 基本假设

有限元分析静力学分析基本假设如下。

(1) 假设货架变形在小变形范围，不考虑几何非线性。

(2) 假设货架材料处于弹性范围之内，不考虑材料非线性。

(3) 假设货架各部件相互之间不会产生较大的滑动，不考虑接触非线性。

(4) 假设螺栓不发生失效，因此对货架中的螺栓进行简化。

(5) 假设货架支架中的孔洞尺寸较小，仅会影响网格剖分的尺寸，进而影响求解效率，因此对孔洞进行简化。

参考上述基本假设，对货架模型进行简化。

2. 简化思路

通过有限元分析静力学分析简化货架模型的思路具体如下。

(1) 货架模型为对称结构模型(图 2.8)，选取 1/2 货架进行分析。

(2) 货架结构相对比较规则，因此选取一组框架进行简化，借助复制+粘贴实现对称模型的建模。

(3) 简化模型的所有螺栓。

(4) 对模型的所有圆孔、小的倒角进行填充。

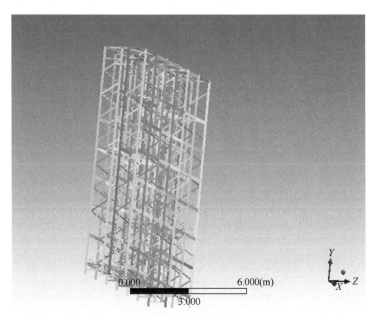

图 2.8　货架模型

3. 定义材料属性

借助有限元分析 Engineering Data 定义材料属性，如图 2.9 所示。本节分析选择材料为钢，材料密度为 $7.85\times10^{-6}\mathrm{kg/mm^3}$，弹性模量为 $2.06\times10^5\mathrm{MPa}$，泊松比为 0.3，抗拉强度为 230MPa。

4. 有限元分析静力学分析流程导入

借助有限元分析 SCDM 菜单操作，进入有限元分析 Workbench 界面(图 2.10)，接着拖动 Static Structural(静力结构)至 Geometry(几何)，导入静力学分析流程。

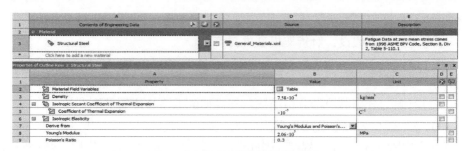

图 2.9　有限元分析材料属性定义

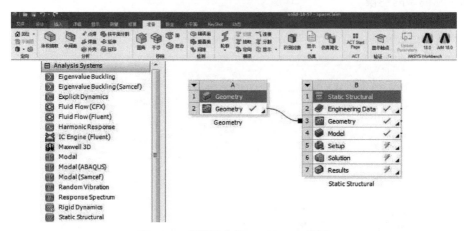

图 2.10　有限元分析 Workbench 界面

1) 自动接触识别

自动识别装配结构之间的接触关系是有限元分析的特色功能，默认结构之间的接触关系为完全刚性连接。本装配体识别的接触对共 2016 个，如图 2.11 所示。

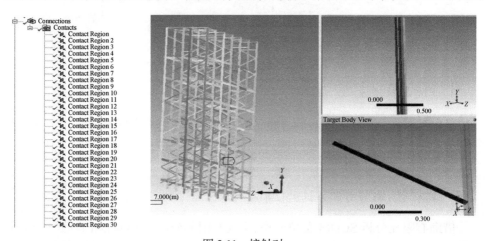

图 2.11　接触对

2) 网格剖分

网格剖分是有限元分析的基础,借助有限元分析 Meshing 实现网格剖分,本模型共剖分单元 492272 个,节点 572436 个,如图 2.12 所示。

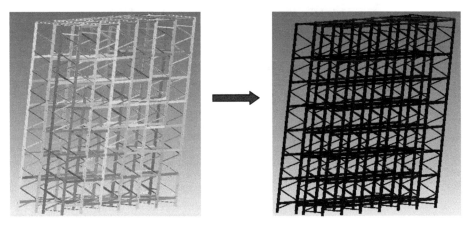

图 2.12　网格剖分示意图

3) 加载求解

按照货架在实际中的安装情况,货架底端施加约束效果如图 2.13 所示。

图 2.13　货架底端施加约束效果

4) 施加固定端约束

货架施加固定端约束效果如图 2.14 所示。

5) 加载重力等求解

按照货架的实际承载情况,分析考虑自重和满载情况下分别施加重力加速度和集中力的作用。

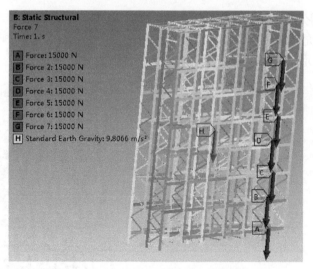

图 2.14　货架施加固定端约束效果

6) 结果后处理——变形

静力学分析后处理可以得到货架的变形结果，如图 2.15 所示。

变形结果表明，目前货架整体变形量较小，满足规范设计要求。

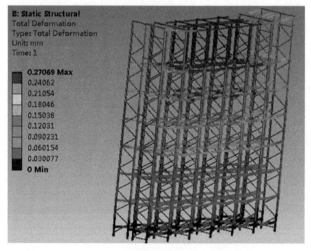

图 2.15　静力学分析后货架变形效果

7) 结果后处理——应力

静力学分析后处理可以得到货架的应力结果，如图 2.16 所示。

应力结果表明，目前货架整体应力比较小，最大应力发生在支架的底部，远低于钢结构的拉伸强度 230MPa，满足规范要求。

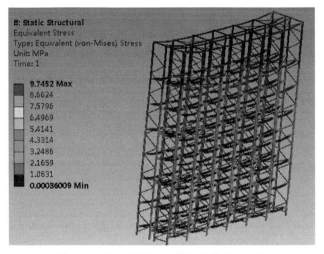

图 2.16 静力学分析后货架整体应力云图

8) 结果后处理——安全系数

静力学分析后处理可以得到货架的安全系数结果，如图 2.17 所示。安全系数结果表明，目前货架整体安全系数比较大，存在优化空间。

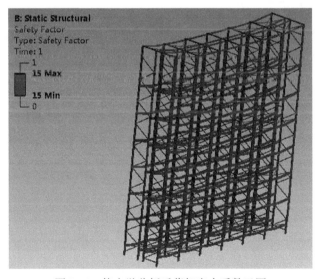

图 2.17 静力学分析后货架安全系数云图

9) 结果后处理——局部效果

静力学分析后处理可以得到货架局部效果，如图 2.18 所示。

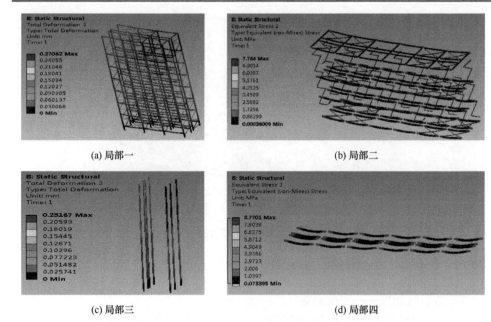

(a) 局部一	(b) 局部二
(c) 局部三	(d) 局部四

图 2.18　静力学分析后货架局部效果

2.6.4　有限元分析模态分析

模态分析[8]是所有地震分析的基础，主要用于研究结构的固有频率和阵型，为后期地震分析提供运动参考依据。

1. 有限元分析模态分析流程导入

拖动 Model(模型)到 Static Structural 中的 Model 中，导入模态分析流程，如图 2.19 所示。其中，模态分析的材料属性、几何、接触以及网格与静力学分析实现数据共享。

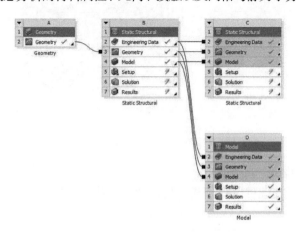

图 2.19　模型导入界面

2. 加载求解

模态分析的目的是研究结构的固有频率和阵型,因此不需要施加外载荷激励,仅施加约束即可。

1) 施加固定端约束

货架施加固定端约束效果如图 2.20 所示。

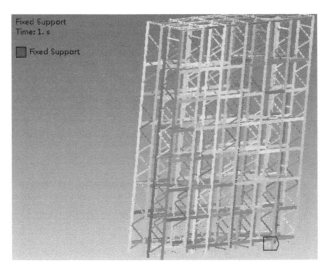

图 2.20　货架施加固定端约束效果

2) 后处理效果查看

模态分析后处理可以得到结构的固有频率和固有阵型,货架结构的一阶频率和阵型效果如图 2.21 所示。

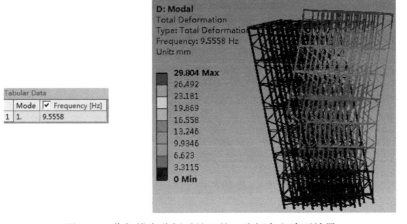

图 2.21　货架模态分析后处理的一阶频率和阵型效果

2.6.5 有限元分析地震分析

地震分析[9]以模态分析为基础,研究结构在承受地震加速度的情况下的变形、应力等是否满足规范要求,从而体现结构的抗震能力及效果。

1. 有限元分析地震分析流程导入

货架地震分析界面如图 2.19 所示。

本次分析仅考虑地震烈度下的加速度,因此对随时间变化的地震分析进行简化,采用静力学分析,施加水平加速度的方式来实现拖动 Static Structural 到 Static Structural 中的 Model 中,导入地震分析流程。其中,地震分析的材料属性、几何、接触以及网格与静力学分析实现数据共享。

2. 加载求解

货架加载效果如图 2.22 所示。

图 2.22 货架加载效果

地震分析的约束、自重、满载载荷施加与静力学分析完全一致,唯一不同之处是施加水平方向的地震加速度。

1）结果后处理——变形

货架在地震分析后处理得到货架整体变形云图如图 2.23 所示。

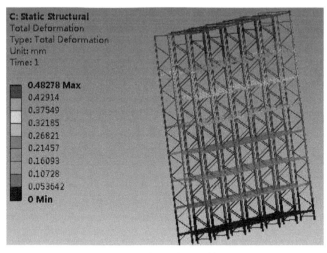

图 2.23　地震分析后货架整体变形云图

变形结果表明，货架在地震载荷作用下位移增大，但变形结果较小，满足规范设计要求。

2）结果后处理——应力

货架在地震分析后处理得到货架整体应力云图如图 2.24 所示。

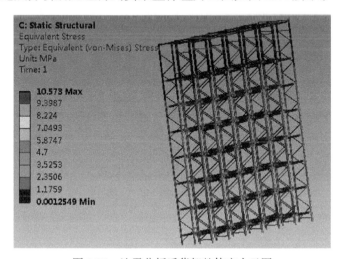

图 2.24　地震分析后货架整体应力云图

应力结果表明，货架在地震作用下整体应力均比较小，最大应力发生在支架的底部，远低于钢结构的拉伸强度 230MPa，满足规范要求。

3) 结果后处理——安全系数

货架在地震分析后处理得到货架安全系数云图如图 2.25 所示。

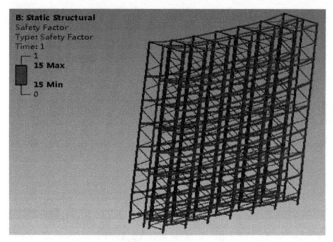

图 2.25　地震分析后货架安全系数云图

安全系数结果表明，货架在地震作用下整体安全系数均比较大，存在优化空间。

第 3 章　配盘桁架机械手

3.1　配盘桁架机械手设计方案

在开发的高铁列车轮对智能选配系统[10,11]中，配盘桁架机械手在图 3.1 所示的四条输送线上将零部件从车轮或制动盘托盘抓取到指定托盘的预定位置，完成一个轮对零部件的智能选配。配盘桁架机械手[12]采用末端执行器，不必更换末端执行器，就可以通过抓取车轮中心孔、制动盘中心孔完成零部件的自动取与放。

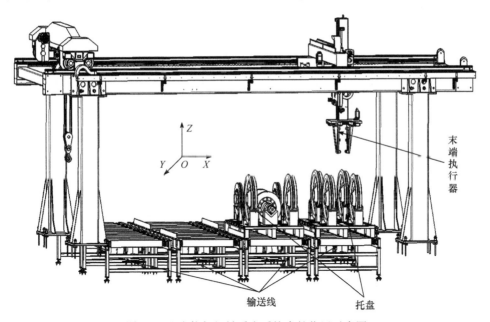

图 3.1　配盘桁架机械手在系统中的位置示意图

3.1.1　零部件描述

配盘桁架机械手抓取的车轮和制动盘如图 3.2～图 3.4 所示，其主要是抓取车轮和制动盘的中心孔，如图 3.5 所示。

图 3.2 为拖车车轮，其轮毂厚 175mm，轮辋厚 135mm，滚动圆直径为 810～920mm，车轮质量约 340kg，每条拖车轮对有 2 个。

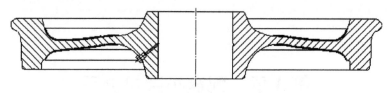

图 3.2　拖车车轮

图 3.3 为轴装制动盘，其直径为 640mm，CRH5 盘毂厚 120mm，CRH3 盘毂厚 150mm，盘厚 66～80mm，质量约 130kg，一般每条拖车轮对有 3 个。

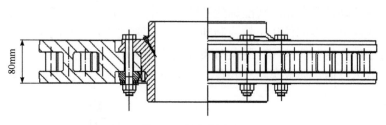

图 3.3　轴装制动盘

图 3.4 为 CRH3 动车车轮，其轮毂厚 175mm，轮辋厚 135mm，滚动圆直径为 810～920mm，动车车轮质量约 495kg，每条动车轮对有 2 个。

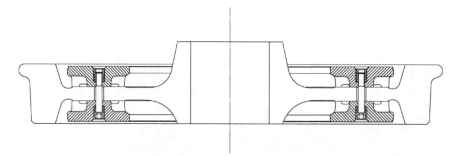

图 3.4　CRH3 动车车轮

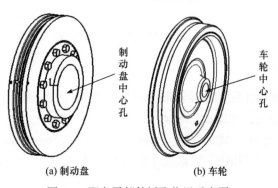

(a) 制动盘　　　　　　　　　(b) 车轮

图 3.5　配盘零部件抓取位置示意图

3.1.2　结构说明

配盘桁架机械手采用水平移动轴和竖直移动轴垂直交叉安装的结构形式(龙门形式),其中水平移动轴沿输送线方向为 X 轴,垂直移动轴沿输送线运动方向为 Y 轴,竖直移动轴沿抓取运动方向为 Z 轴,如图 3.6 和图 3.7 所示。

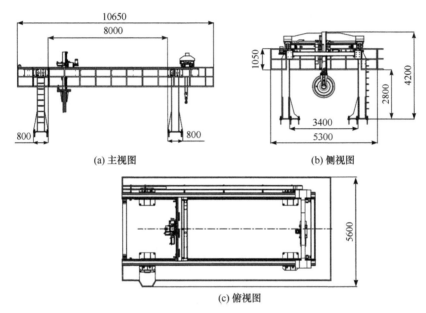

(a) 主视图　　　　　　　　　　　　(b) 侧视图

(c) 俯视图

图 3.6　配盘桁架机械手二维图(单位：mm)

配盘桁架机械手的 X、Y、Z 轴均采用标准钢梁式直线定位单元,采用齿轮齿条驱动方式,采用西门子伺服电机驱动,带循环滚珠轴承导轨,重复定位精度为 ±0.1mm。驱动采用西门子伺服电机配用绝对值编码器,电机额定转速为 2000rad/min,电机与驱动齿轮之间通过精密减速机连接。X、Y、Z 轴两端均带有机械硬限位和电气软限位。

X 轴钢梁式直线定位单元是一种重型载荷高速直线定位系统,系统骨架采用 300×400 型带齿条和轨道定位止口的高等钢梁结构,直线轨道采用德国力士乐公司 35 系列循环滚珠轴承导轨,传动采用德国亚特兰大公司 7 级精度 3M 斜齿齿轮齿条,具有高速、低噪声等特点,其结构如图 3.8 所示。

Y 轴钢梁式直线定位单元采用重型载荷高速直线定位系统,设备框架采用 200×300 型带齿条和轨道定位止口的高等钢梁结构,直线轨道采用德国力士乐公司 30 系列循环滚珠轴承导轨,传动采用德国亚特兰大公司 7 级精度 3M 斜齿齿轮齿条,具有高速、低噪声等特点,其结构如图 3.9 所示。

Z 轴钢梁式直线定位单元采用中型载荷高速直线定位系统,设备框架采用

200×200 型带齿条和轨道定位止口的高等钢梁结构，直线轨道采用德国力士乐公司 30 系列循环滚珠轴承导轨，传动采用德国亚特兰大公司 7 级精度 4M 斜齿齿轮齿条，具有高速、低噪声等特点，其结构如图 3.10 所示。

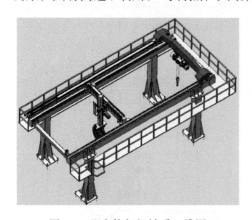

图 3.7　配盘桁架机械手三维图

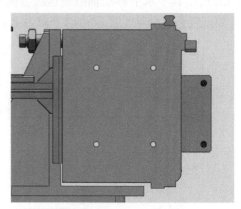

图 3.8　*X* 轴截面图

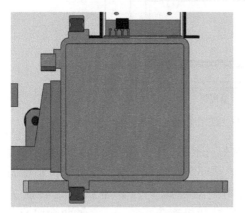

图 3.9　*Y* 轴截面图

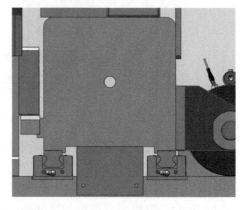

图 3.10　*Z* 轴截面图

3.2　配盘桁架机械手伺服电机参数

配盘桁架机械手伺服电机参数详见表 3.1。

表 3.1　配盘桁架机械手伺服电机参数

序号	名称	功率/kW	减速比	额定扭矩/(N·m)	额定转速/(rad/min)	最大转速/(rad/min)	满载速度/(m/min)	空载速度/(m/min)	加速度/(m/s²)
1	*X* 轴走行电机	3.5	10	16.7	2000	3000	48.0	60.0	1.60

续表

序号	名称	功率/kW	减速比	额定扭矩/(N·m)	额定转速/(rad/min)	最大转速/(rad/min)	满载速度/(m/min)	空载速度/(m/min)	加速度/(m/s²)
2	Y轴走行电机	2.5	10	11.9	2000	3000	48.0	60.0	1.60
3	Z轴走行电机	7.0	25	33.4	2000	2000	22.0	18.0	0.15
4	末端执行器夹紧电机	0.75	5	3.25	2000	3000	—	—	—

3.3　配盘桁架机械手主要部件配置

配盘桁架机械手主要部件配置情况详见表 3.2。

表 3.2　配盘桁架机械手主要部件配置情况

序号	部件	名称	方案	备注
1	X轴	X轴梁	组装加工钢梁	加工齿条、导轨安装面
		定位方式	直线导轨	力士乐(德国)
		传动方式	齿轮齿条	亚特兰大(德国)
		安全保护系统	机械防撞	柔性
		原点检测	接近开关	图尔克(德国)
		送电方式	拖链	易格斯(德国)
		X轴动力系统	伺服电机	西门子(德国)
			减速电机	亚特兰大(德国)
		润滑	润滑泵	贝奇尔(美国)
2	Y轴	Y轴梁	组装加工钢梁	加工齿条、导轨安装面
		定位方式	直线导轨	力士乐(德国)
		传动方式	齿轮齿条	亚特兰大(德国)
		安全保护系统	机械防撞	柔性
		原点检测	接近开关	图尔克(德国)
		送电方式	拖链	易格斯(德国)
		Y轴动力系统	伺服电机	西门子(德国)
			减速电机	纽卡特(德国)
		润滑	润滑泵	贝奇尔(美国)

续表

序号	部件	名称	方案	备注
3	Z轴	Z轴梁	组装加工钢梁	加工齿条、导轨安装面
		定位方式	直线导轨	力士乐(德国)
		传动方式	齿轮齿条	亚特兰大(德国)
		安全保护系统	机械防撞	柔性
		原点检测	接近开关	图尔克(德国)
		送电方式	拖链	易格斯(德国)
		第三方保护(选配)	制动器	麦尔(德国)
		Z轴动力系统	伺服电机	西门子(德国)
			减速电机	纽卡特(德国)
		润滑	润滑泵	贝奇尔(美国)
4	末端执行器	动力系统	伺服电机	西门子(德国)
			减速电机	纽卡特(德国)
		定位方式	直线导轨	力士乐(德国)
		传动方式	齿轮齿条	亚特兰大(德国)
		夹紧、位置检测	压力传感器	图尔克(德国)
		手爪、承载安装座	组装加工件	众拓(中国)
5	电气控制	运动系统	—	西门子(德国)
		电气元件	—	施耐德(法国)
		电控柜	—	威图(德国)

3.4 配盘桁架机械手主要参数

配盘桁架机械手主要参数如下。

(1) Z 轴最大起吊工作重量为 600kg。

(2) X 轴跨距为 8000mm。

(3) X 轴工作运行距离大于 7000mm。

(4) Y 轴工作运行距离大于 3000mm。

(5) Z 轴工作运行距离大于 1300mm。

(6) X 轴横梁净高 2800mm。

(7) 对于轮廓尺寸，长为 10650mm，宽为 5600mm，高为 4200mm。

3.5　配盘桁架机械手末端执行器

配盘桁架机械手末端执行器(图 3.11)可以通过伺服电机带动手爪对零部件进行抓取动作，省去了人工抓取零部件进行轮对的选择工作，该末端执行器自动化程度高，且抓取零部件的过程准确，解决了传统的装配工艺方法不仅耗费大量的人力，而且装配效率低下，不符合现代高铁生产制造企业生产管理需求的问题。

图 3.11　配盘桁架机械手末端执行器

配盘桁架机械手能够通过安装在 Z 轴端部的末端执行器自动抓取车轮、制动盘进行各个托盘的配盘作业，并可以通过车轮中心孔、制动盘中心孔完成上述零部件的自动抓取。

3.5.1　末端执行器结构

根据零部件的结构及存放形式，设计配盘桁架机械手末端执行器，其结构如图3.12 所示。配盘桁架机械手末端执行器主要结构包括承载安装座 7、伺服电机 8、直线导轨 2、手爪 4 和正反丝杠 3 等。承载安装座 7 水平布置；伺服电机 8 与承载安装座 7 的一侧端部固定连接；设有两个直线导轨 2，两个直线导轨 2 对称安装于承载安装座 7 的下端；手爪 4 设有两个且均竖直布置，两个手爪 4 的一端分别与两个直线导轨2 固定连接；正反丝杠 3 一端与伺服电机 8

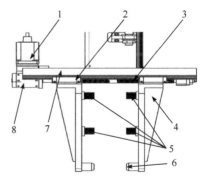

图 3.12　配盘桁架机械手末端执行器的
结构示意图
1. 伺服电机驱动器；2. 直线导轨；3. 正反丝杠；
4. 手爪；5. 压力传感器；6. 托起销；7. 承载安装
座；8. 伺服电机

的输出轴固定连接，另一端分别穿过两个直线导轨 2 并与承载安装座 7 枢转连接。

配盘桁架机械手末端执行器还包括伺服电机驱动器 1，伺服电机驱动器 1 与伺服电机 8 电连接，伺服电机驱动器 1 固定安装于承载安装座 7 靠近伺服电机 8 的一侧端部，伺服电机驱动器 1 用于实时采集伺服电机 8 的扭矩，并与预设的扭矩阈值进行比较分析，根据分析结果控制伺服电机 8 的正转或反转。

伺服电机驱动器 1 可以实时监测伺服电机 8 的扭矩，当扭矩超过设定值时，表明偏差过大，伺服电机驱动器 1 控制伺服电机 8 反转，正反丝杠 3 带动手爪 4 向反方向移动一个设定值，通过伺服电机 8 的正转和反转来调整抓取零部件的角度，解决了末端执行器抓取零部件时易出现偏心的问题。

如图 3.13 和图 3.14 所示，两个手爪 4 夹持零部件的一侧均固定连接有多个压力传感器 5，压力传感器 5 用于检测两个手爪 4 的夹持力度。压力传感器 5 一方面可以配合伺服电机驱动器 1 完成偏心检测，另一方面可以检测手爪的夹紧状态，保证手爪在准确、稳定抓取零部件后，可以安全、可靠的运行，不影响配盘桁架机械手后续准确配盘作业。两个手爪 4 上一共设有 4 个压力传感器 5，均用于检测零部件的夹紧状态。

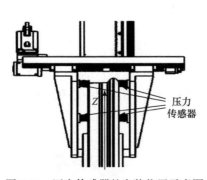

图 3.13　压力传感器的安装位置示意图

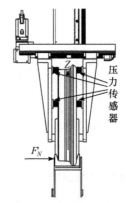

图 3.14　压力传感器与零部件
之间的受力关系示意图

两个手爪 4 的另一端夹持零部件的一侧，均设有对应位置的托起销 6。每个手爪 4 上均设有两个托起销 6，两个托起销 6 对称设置。托起销 6 用于托起零部件的端部，均设有用于保护零部件中心孔的防护套。防护套的材质硬度低于待托起零部件的材质硬度。具体来说，零部件可以是车轮或制动盘，车轮或制动盘的质量为 130～495kg，托起销 6 可以起到托起零部件的作用，每侧手爪 4 端部都设计有两个托起销 6，可以确保抓取零部件过程安全、可靠，托起销 6 的外表面套有防护套，可以避免托起销 6 的端部划伤零部件中心孔表面。为了实现更优的防护效果，防护套可以选用比零部件更软的材质制成，如橡胶、硅胶等。

3.5.2　末端执行器工作流程

当配盘桁架机械手末端执行器抓取车轮或制动盘运动到待配托盘上方往下运动时，如图 3.15 所示，其夹紧电机工作，通过正反丝杠带动末端执行器夹紧零部件。当 Z 轴轴线位置与零部件垂线位置存在偏差时，会有一侧的末端执行器上的压力传感器先接触到零部件表面，同时伺服电机驱动器也能实时监测电机扭矩，当扭矩超过设定值时，表明偏差过大，控制程序将控制伺服电机反转，正反丝杠带动末端执行器向反方向移动一个设定值。通过伺服电机的正转和反转来调整、解决存在的偏心问题。配盘桁架机械手末端执行器上设有 4 个夹紧压力传感器，分别用于检测车轮和制动盘的夹紧状态。夹紧压力传感器与伺服电机驱动器在监测电机扭矩的同时，完成偏心检测，进而控制伺服电机的正转和反转来调整、解决存在的偏心问题。同时，夹紧压力传感器还可检测适配器末端执行器的夹紧工作状态，以保证适配器在准确、稳定抓取车轮或制动盘后安全、可靠地运行，不影响配盘桁架机械手后续准确配盘作业。

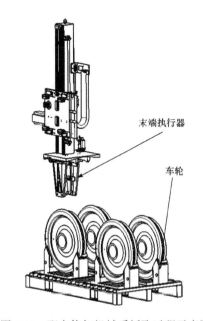

末端执行器

车轮

图 3.15　配盘桁架机械手抓取过程示意图

3.6　配盘桁架机械手选件——Z 轴防坠制动杆

配盘桁架机械手 Z 轴配备外置式的防坠制动杆(图 3.16)，该装置是机械手额外增设的第三方安全保护措施，可以实现机械手在意外情况下的紧急制动，如机械手 Z 轴齿轮失效、电机抱闸出现故障下的紧急制动。

机械手有独立的自动润滑系统(贝奇尔)，主管路上设置压力传感器或流量传感器，具备压力不足报警功能，不同轴的导轨和齿条采用多点独立润滑，给予不同的润滑量，润滑量可设置调整。在机械手的明显位置设有运行状态指示灯(三色)。

设备立柱等机械加工件要求喷涂处理，漆面厚度达到 120μm，出现波浪形褶皱效果。

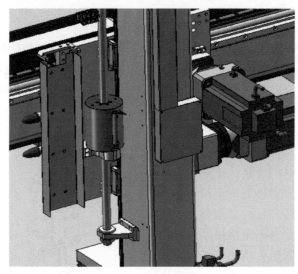

图 3.16　Z 轴防坠制动杆

3.7　配盘桁架机械手控制系统

配盘桁架机械手配置独立的控制系统[13]，控制系统使用西门子的可编程逻辑控制器(programmable logic controller，PLC)，支持以太网、总线等通信方式，并可根据客户的实际需要预留连接端口。

控制系统、伺服电机驱动器、电气元件、电源开关等集成一个标准的电气柜，电气元件采用法国施耐德产品。

配盘桁架机械手控制系统可以与立体库的总控之间进行信号交互，以确保现场工作的有序进行。

控制系统和其他设备通过以太网和 Display Port(简称 DP)方式进行通信，安全信号辅以 I/O(input/output，输入/输出)点通信(依据实际情况确定)。设备设有独立的急停开关和启停操作按钮。控制系统能够对整线自动化设备故障报警进行存储，并显示故障位置。

异常报警功能，即当系统中的设备出现异常状况时，总控系统和机械手的控制系统均能在触摸屏上显示相关状态，并记录相关报警信息。

机械手重复运送零部件动作精确可靠，一旦出现问题，如抓空、停止动作以及其他错误信息等，就会反馈给控制系统，在显示屏上显示错误信息，并提示操作人员进行信息处理。

控制系统和机械手可以存储若干个程序和模具数。程序包括对一种产品和模具的设定值，还包括位置信息、程序号以及加速度设定等。

控制系统电气标准具体如下。

(1) 所有输出信号由输出隔离。

(2) 所有外界接线除了输入电源线和伺服电机线，均为低压控制线。

(3) 控制方式为可编程控制，由 PLC 系列组成。

(4) 所有的开关按钮、控制面板上均有中文标签。

(5) 安全性标志应粘贴在电气柜上显著位置。

3.8 集成的 1t 电动起重机

配盘桁架机械手的轨道上集成 1 套 1t 欧式单梁电动起重机，该起重机安装在配盘桁架机械手轨道的一端。当配盘桁架机械手正常作业时，该起重机不影响其正常操作；当配盘桁架机械手出现故障时，采用手动控制对该 1t 电动起重机进行人工配盘作业。

1t 电动起重机安装示意图如图 3.17 所示。

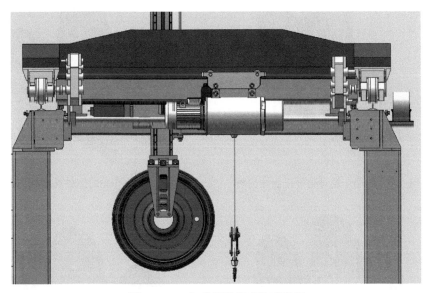

图 3.17 1t 电动起重机安装示意图

1t 电动起重机配置芬兰科尼品牌 1t 环链葫芦，其主要技术参数和部件品牌如下。

(1) 最大起升高度为 9m。

(2) 最大工作载荷为 1t。

(3) 对于起升速度，满载时为 4m/min，空载时为 0.7m/min。

(4) 采用芬兰科尼环链葫芦。

(5) 走行小车电机采用德国赛威变频电机。

(6) 末端执行器夹紧电机采用德国西门子伺服电机。

(7) 低压断路器为德国西门子品牌。

(8) 空开、交流接触器为法国施耐德品牌。

3.9　零部件托盘

3.9.1　零部件托盘的主要结构图

零部件托盘有 6 种, 其中包括 CRH3 动车轮对组件托盘、拖车轮对组件托盘、CRH5 动车轮对组件托盘、车轮托盘、制动盘托盘以及成品轮对托盘, 它们的主要结构图分别如图 3.18～图 3.23 所示。

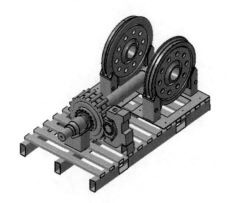
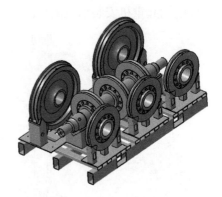

图 3.18　CRH3 动车轮对组件托盘结构图　　　　图 3.19　拖车轮对组件托盘结构图

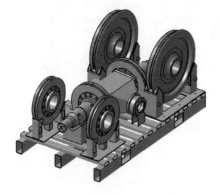
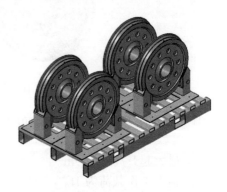

图 3.20　CRH5 动车轮对组件托盘结构图　　　　图 3.21　车轮托盘结构图

图 3.22　制动盘托盘结构图

图 3.23　成品轮对托盘结构图

3.9.2　零部件托盘的三视图

　　零部件托盘有 6 种,包括 CRH3 动车轮对组件托盘、拖车轮对组件托盘、CRH5 动车轮对组件托盘、车轮托盘、制动盘托盘以及成品轮对托盘。6 种零部件托盘的三视图及三维轴测图详见图 3.24~图 3.29。

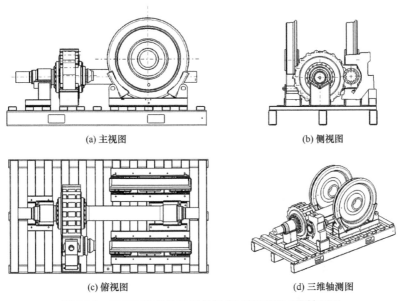

(a) 主视图　　　　　　　　　　　　　(b) 侧视图

(c) 俯视图　　　　　　　　　　　　　(d) 三维轴测图

图 3.24　CRH3 动车轮对组件托盘三视图及三维轴测图

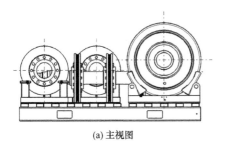

(a) 主视图　　　　　　　　　　　　　(b) 侧视图

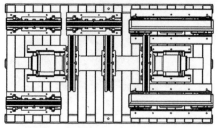

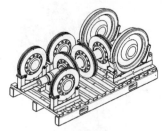

(c) 俯视图　　　　　　　　　　　　　　　(d) 三维轴测图

图 3.25　拖车轮对组件托盘三视图及三维轴测图

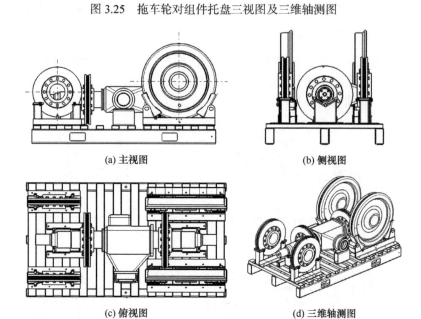

(a) 主视图　　　　　　　　　　　　　　　(b) 侧视图

(c) 俯视图　　　　　　　　　　　　　　　(d) 三维轴测图

图 3.26　CRH5 动车轮对组件托盘三视图及三维轴测图

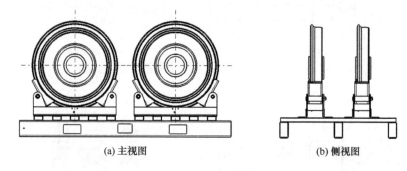

(a) 主视图　　　　　　　　　　　　　　　(b) 侧视图

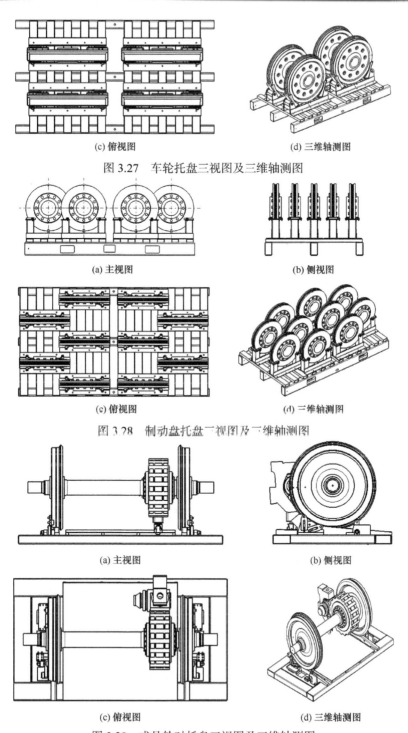

(c) 俯视图　　　　　　　　　　　　　　(d) 三维轴测图

图 3.27　车轮托盘三视图及三维轴测图

(a) 主视图　　　　　　　　　　　　　　(b) 侧视图

(c) 俯视图　　　　　　　　　　　　　　(d) 三维轴测图

图 3.28　制动盘托盘三视图及三维轴测图

(a) 主视图　　　　　　　　　　　　　　(b) 侧视图

(c) 俯视图　　　　　　　　　　　　　　(d) 三维轴测图

图 3.29　成品轮对托盘三视图及三维轴测图

3.9.3　零部件托盘的结构配置

零部件托盘的结构配置具体如下。

(1) CRH3 动车轮对组件托盘：该托盘考虑车轴齿轮箱、立式放置 2 个 CRH3 动车车轮位置(1 个车轴齿轮箱在入库前已经放在托盘中)的放置要求，每个托盘的承重应大于等于 1800kg。

(2) 拖车轮对组件托盘：该托盘同时考虑水平放置 1 个拖车车轴、立式放置 2 个车轮、立式放置 3 个制动盘的位置，保证满足 CRH3 和 CRH5 拖车轮对的配盘放置要求，并保证满足拖车车轴上已经装好 1 个制动盘、2 个制动盘和 3 个制动盘的放置要求，每个托盘的承重应大于等于 1600kg。

(3) 车轮托盘：每个车轮托盘放置 4 个 CRH5 车轮或 4 个 CRH3 动车车轮，并保证满足 CRH3 和 CRH5 车轮的配盘放置要求，每个托盘的承重应大于等于 2300kg。

(4) 制动盘托盘：每个托盘放置 10 个制动盘的位置，并保证 CRH3 和 CRH5 制动盘的配盘放置要求，每个托盘的承重应大于等于 1700kg。

(5) CRH5 动车轮对组件托盘：该托盘放置 2 个车轮、2 个制动盘，并保证满足 CRH5 动车车轴上已经装好 1 个制动盘、2 个制动盘的放置要求，每个托盘的承重应大于等于 1800kg。

(6) 成品轮对托盘：该托盘放置 1 条 CRH3/CRH5 动车或拖车轮对，考虑动车轮对齿轮箱带辅助支承滚轮的放置要求，以及成品轮对自动弹出的要求，设置动车轮对齿轮箱带辅助支承滚轮位置在远离轮对测量机位置，每个托盘的承重应大于等于 1700kg。

3.9.4　零部件托盘的具体数量

零部件托盘有 6 种，共计 238 个。其中，CRH3 动车轮对组件托盘 61 个，拖车轮对组件托盘 76 个，CRH5 动车轮对组件托盘 16 个，车轮托盘 61 个，制动盘托盘 21 个，成品轮对托盘 3 个(压装机处放 2 个，下料工位处缓存 1 个)。

3.9.5　零部件托盘的设计理念

所设计的 6 种类型的零部件托盘的川字型底架的几何尺寸一致，便于进出立体库及堆垛机作业；车轮、制动盘零部件垂直放置于托盘中，且将二维码粘贴在车轮/制动盘顶部，便于二维码的信息读取；车轮、制动盘零部件垂直放置于托盘中，便于配盘桁架机械手自动摆放车轮和制动盘。

在所设计的 6 种类型的托盘中，采用仿形机构完成车轮、制动盘的定位和夹持，以及车轴的定位和支撑，以保证车轮、制动盘和车轴三种零部件放置后在运输过程中不发生倾倒、滑落等事故。

所设计的 6 种类型的托盘的川字型底架上设计了叉车运输货叉专用插口，以实现叉车运输，还设计了 4 个螺纹孔位置，用于天车吊运。上述设计可以方便零部件和托盘之间的上下吊运。

零部件和托盘接触处采用尼龙和聚氨酯等软质材料，以防止零部件磕碰伤，采用的软质材料具有耐磨特性，所设计的结构具有易于更换特性。

3.9.6　零部件托盘的受力分析

采用有限元分析软件对 5 种零部件托盘进行受力分析，最大变形量在 0.2mm 以内，满足使用要求。托盘变形图如图 3.30～图 3.34 所示。

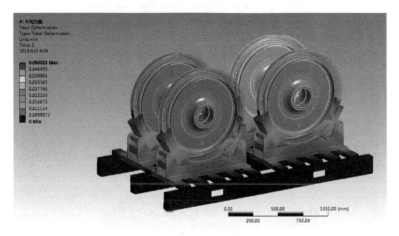

图 3.30　车轮托盘变形图

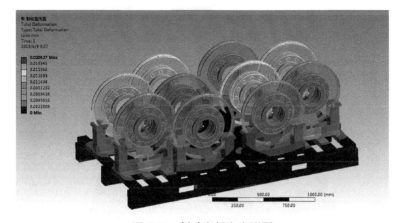

图 3.31　制动盘托盘变形图

图 3.32　拖车轮对组件托盘变形图

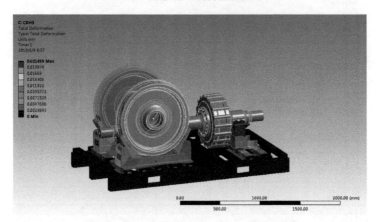

图 3.33　CRH3 动车轮对组件托盘变形图

图 3.34　CRH5 动车轮对组件托盘变形图

3.9.7　零部件托盘实物

6 种零部件托盘的实物图分别如图 3.35～图 3.40 所示。

图 3.35　车轮托盘实物图

图 3.36　制动盘托盘实物图

图 3.37　拖车轮对组件托盘实物图

图 3.38　CRH3 动车轮对组件托盘实物图

图 3.39　CRH5 动车轮对组件托盘实物图

图 3.40　成品轮对托盘实物图

第4章 堆垛机

4.1 堆垛机设计标准规范

堆垛机设计依据如下标准规范。

(1) 《自动化立体仓库 设计规范》(JB/T 9018—2011)。

(2) 《巷道堆垛起重机》(JB/T 7016—2017)。

(3) 《巷道堆垛起重机 术语》(JB/T 5319.1—2008)。

(4) 《巷道堆垛起重机 安全规范》(JB/T 11269—2011)。

(5) 《立体仓库焊接式钢结构货架 技术条件》(JB/T 5323—2017)。

(6) 《有轨巷道堆垛起重机 可靠度和可用度》(FEM 9.221—1981)。

(7) 《含有巷道堆垛机和其它设备的系统的可靠性及验收规程》(FEM 9.222—1989)。

(8) 《有轨巷道堆垛起重机性能参数 循环时间》(FEM 9.851—1978)。

4.2 堆垛机主要性能参数

堆垛机主要性能参数指标详见表4.1。

表 4.1 堆垛机主要性能参数指标

序号	技术项目	技术指标
1	主体结构形式	双立柱、单深位、单货台
2	货叉形式	单副伸缩式存取货叉
3	整体高度	11.84m
4	额定载荷	3000kg
5	最大走行速度	空载120m/min，满载80m/min
6	水平加速度	0.4m/s²(自动运转时)
7	最大升降速度	空载40m/min，满载30m/min
8	升降加速度	0.5m/s²(自动运转时)

续表

序号	技术项目	技术指标
9	最大伸叉速度	空载 40m/min，满载 30m/min
10	伸叉加速度	0.4m/s²(自动运转时)
11	水平走行定位精度	±5mm
12	垂直升降定位精度	±5mm
13	伸叉定位精度	±5mm
14	走行驱动	下部驱动
15	升降驱动	电机带动，钢丝绳牵引
16	伸叉驱动	电机带动链轮和链条驱动
17	作业形式	单一和复合循环
18	供电方式	底部安全滑触线
19	控制操作方式	手动、半自动、自动

4.3　堆垛机结构及功能说明

4.3.1　堆垛机结构特点

堆垛机结构特点[14]具体如下。

(1) 采用激光测距方式进行寻址，采用安全滑触线供电，具有手动、单机自动、联机自动三种控制方式，手动和单机自动控制时采用触摸屏操作。

(2) X 方向和 Y 方向协调动作，提高了可靠性。

(3) 货叉伸缩(货叉数≥2)时同步，两货叉间最大运行误差为±6mm，货叉上平面高低差≤±6mm，超差时系统报警，并停止运行。

(4) 具有故障自诊断功能，进行故障定位并给出信息提示，出现各种异常现象时发出光报警并停止运行。

(5) 具有托盘歪斜检测功能，托盘和货物发生歪斜时自动退回输送机。

(6) 水平方向和垂直方向各采用 1 个变频器，X 方向和 Z 方向共用一个变频器，减少零部件数目及所需备用件。

(7) 总线连接传感器与交流驱动装置。

(8) X、Y、Z 三个方向运动全部采用德国赛威交流制动电机。

(9) 巷道内作业采用红外线光通信器。

4.3.2 堆垛机外观标准

堆垛机外观标准如下。

(1) 根据漆膜颜色标准样卡 GSB05-1426-2001，堆垛机表面采用烤漆处理，颜色为橘黄(59 YR04)，控制柜颜色也为橘黄(59 YR04)，外形美观，应完全满足使用要求。

(2) 整机和各部件的外观表面应无超出图纸说明的凸起、凹陷、翘曲、歪斜等缺陷。

(3) 各焊接件的外观焊缝及性能焊缝均打磨平整光滑，清除焊渣、焊瘤以及飞溅物。

(4) 外观覆盖件和透明件应无毛刺、铁锈、型砂、焊渣、切屑、油污等物，以及无碰伤、划伤、拉毛等痕迹。

(5) 电镀件及表面经化学处理的零件应色泽均匀，附着严密，无剥落、露底、鼓泡以及明显花斑等问题。

(6) 涂装前涂漆表面应无锈蚀或污物，涂层表面应均匀、光亮、色泽一致，不允许有起泡、脱落、开裂、皱皮、外来杂质及其他降低保护和装饰性的显著污物。

(7) 表面处理工艺为除锈—喷底漆—焊接—喷面漆—烘烤。

4.3.3 堆垛机的机械部件

堆垛机的机械部分主要由天轨、上横梁、立柱、载货台、检修梯、升降机构、货叉伸缩机构、下横梁、地轨、走行机构等组成，如图4.1所示。

1. 机械特性

堆垛机为重型、高性能的零部件搬运设备。所有钢结构和机械设备设计确保其在大多数工业环境下可以准确地运行和可靠地服务。堆垛机为地面运行顶部导向结构，可以通过手动、半自动以及在线操作模式运行。

2. 下横梁

底架为堆垛机的主要支撑。焊接

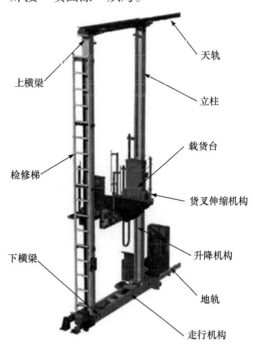

图 4.1 堆垛机结构示意图

结构的底架具有良好的刚性和抗扭曲能力，并装有两个槽钢进行加固，这两个槽钢通过几根横梁连接(图 4.2)。该焊接结构选用重型材料，以提供最高强度，并通过立柱和升降台将静态和动态负载转移到支撑走轮上。底架设有两个铸铁走行轮。走行轮可以调整，以适应可调的凸缘轴承支架，在走行轮附近设置可调整导向轮，以确保堆垛机沿走行轨道运行。

图 4.2　下横梁实物图

3. 水平运行机构

水平运行机构由动力驱动和主/被动轮组成，用于整个设备巷道方向的运行。驱动选用德国赛威公司变频电机减速机，走轮与减速机采用花键连接，采用德国德马格走行轮组完成水平运行。同时由于水平运行机构采用球墨铸铁走行轮，可以大大降低运行噪声，且质量可靠，维护方便。水平运行机构主要驱动元件如图4.3 所示。

(a) 变频电机减速机　　　　　　　　　(b) 走行轮组

图 4.3　水平运行机构主要驱动元件实物图

　　水平驱动装置包括一个变速交流电机和组装在齿轮箱上的制动装置。水平行进通过使用反馈控制器由一个交流变速驱动来控制，它可以提供准确的加速和减速。在行进轮单元上安装有一个行进编码器来控制水平行进。

4. 立柱

　　立柱是由工字钢和钢板拼焊而成的箱式梁，它可以使堆垛机重心降低，增加堆垛机的稳定性。在工字钢两侧依次焊接两条材质为 16Mn，尺寸为 20mm × 70mm 的冷拉扁钢导轨，以导引升降载货台沿立柱上下运行，导轨表面进行冷作硬化处理，耐磨性好。立柱在焊接中采用具有特殊装置的自动焊接技术，可以有效克服整体结构的变形，保证升降载货台的精确运行。立柱具有低颤动、抗扭曲和高刚度等特性。堆垛机立柱上装有安全梯及安全绳，便于维护人员登高作业，保证人员安全。

5. 上横梁

　　上横梁焊于立柱之上，由韧性材料制成的可调导向轮用于保证堆垛机沿上轨道运行，如图 4.4 所示。

图 4.4　上横梁实物图

6. 升降机构

　　升降机构由动力驱动、卷筒、滑动组和钢丝绳等组成，用于提升载货台做垂直运动，如图 4.5 所示。选用德国赛威公司变频电机减速机直接驱动卷筒，钢丝绳带动载货台上下运动。定滑轮和动滑轮均采用工程尼龙车制而成，此种卷扬方式噪声低，便于维修和发现隐患(可以直观地发现钢丝绳的断丝)。

(a) 变频电机　　　　　　　　　　　　　　　　　(b) 卷筒

图 4.5　升降机构实物图

7. 载货台

载货台是一个通过动力牵引做上下垂直运动的部件，是由垂直框架和水平框架焊接而成的一个 L 形结构，垂直框架用于安装起升导轮和一些安全保护装置，如图 4.6 所示。

图 4.6　载货台实物图

载货台的孔位精度要求高，因此垂直框架钢板采用激光数控切割，一次定位加工而成；水平框架采用无缝钢管制成，外形美观，完全可以满足载货的要求。其安全检测采用光电来实现。

8. 货叉机构

货叉机构采用德国米亚斯公司货叉(图 4.7),货叉伸缩机构采用德国赛威公司变频电机。

图 4.7　米亚斯托盘货叉实物图

米亚斯托盘货叉集结构紧凑、精度高和多样性于一身,模块化设计使产品具有更广阔的适用范围,以满足客户在尺寸和设备方面的不同需求,同时米亚斯的一系列产品可以应对从 10kg 到 15t 的任意负载。此外,米亚斯托盘货叉可以安装所有的标准驱动、开关和传感器,以满足不同的需求。

货叉伸缩机构是由动力驱动和上、中、下三叉组成的一个机构,用于垂直于巷道方向的存取货物运动。下叉固定于载货台上,三叉之间通过链条传动做直线差动式伸缩,货叉由优质合金钢精制而成,外形为超薄型 C 形梁体,力学性能良好。所有的移动和支撑滚轮轴承都要经过润滑,以延长使用寿命。载荷力矩通过滚轮轴承传输到伸缩装置的工作面上。为了防止货叉伸缩机构负载过大,需要装有可调的摩擦离合器。货叉伸缩机构配有机械停止装置,以防止伸缩装置的过度伸缩。

9. 导轮装置

堆垛机采用上水平导轮、下水平导轮、起升导轮三组导轮装置(图 4.8~图 4.10)。上水平导轮和下水平导轮分别安装在上、下横梁上,用于导向堆垛机沿巷道方向水平运行。

起升导轮安装于载货台上,沿立柱导轨上下运动,导向载货台垂直运动,同时通过导轮支撑载荷,并传递给金属结构。下水平导轮和起升导轮装置均由 NUTD 系列滚轮轴承和偏心轴组成,可以方便地调整间隙、拆装、注油等,同时 NUTD 系列滚轮轴承具有很高的承载能力,特别是对于受力的起升导轮性能极佳。

图 4.8 上水平导轮实物图

图 4.9 下水平导轮实物图

图 4.10 起升导轮实物图

4.3.4 堆垛机安全保护装置

堆垛机水平、升降运行装置采用闭环矢量控制技术[15-17](图 4.11)，以提高其高速运行和低速运行的平稳性；采用安全钳、限速器等机械、电气多重保险装置，可靠实现断绳保护、断电制动等保护功能。

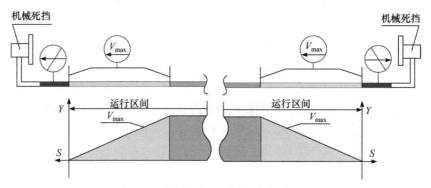
图 4.11 水平运行和升降运行保护原理

1. 运行保护

运行保护具体措施如下。

(1) 强迫降速：巷道两端设置强迫降速开关，堆垛机在强迫降速开关起作用时以低速水平运行；若该开关损坏，则堆垛机始终以低速运行。

(2) 防脱轨保护：走行轮两侧具有防脱轨护翼，保证堆垛机不会发生脱轨现象。

(3) 限位开关：距地轨端头固定挡块 0.3m 处设限位开关，巷道堆垛机到达此处即断开运行电机电源，与巷道强迫换速控制开关形成双保险。

(4) 巷道终端车挡：在地轨的两端设有牢固、可靠的车挡，保证巷道堆垛机不冲出巷道，如图 4.12 所示。

图 4.12 巷道终端车挡实物图

(5) 聚氨酯缓冲器：巷道堆垛机的下横梁两端设有聚氨酯缓冲器(图 4.13)，以保证巷道堆垛机碰到车挡时能承受满载全速运行的冲击，聚氨酯缓冲器吸收能量，以实现巷道堆垛机缓冲停车，确保巷道堆垛机安全，保护设备。

(a) 巷道堆垛机一端　　　　　　　　　　(b) 巷道堆垛机另一端

图 4.13 聚氨酯缓冲器实物图

(6) 三机构运行原则：互相运行不交叉、不冲突。

(7) 电气联锁装置：在整个电气线路中采取互锁、联锁，以保证操作开关在故障、超限不复位时无法启动电源。

(8) 运行安全联锁。

若出现如下情况，则水平及升降运行动作将被锁定：

① 货叉没有在中位；

② 托盘、货物尺寸超差；

③ 货叉正在动作，垂直升降的安全保险系统被启动；

④ 当载货台上升超过最高极限位置时，紧急制动开关启动，紧急断电停车；

⑤ 巷道堆垛机运行到巷道端点触发限位开关；

⑥ 巷道堆垛机紧急制动被启动。

若出现如下情况，则货叉运行被锁定：

① 堆垛机走行和升降运行；

② 巷道堆垛机定位没有达到设定精度范围；

③ 巷道堆垛机紧急制动开关动作。

安全联锁手段如下：

① 手动控制、单机自动、联机自动只允许其中一种方式运行；

② 堆垛机运行、起升与货叉伸缩机构间电气软/硬件联锁。

(9) 清轨器与安全钩的设置：在堆垛机上设有清轨挡板，能清除道轨上的异物。安全钩可以保证堆垛机在上部导轮脱离天轨时不会倾翻。

(10) 失压保护：在电源断开后，又恢复供电，机内电源不会自启动。

2. 起升保护

堆垛机起升机构是带动载货台在高度方向升降的工作机构，堆垛机在这方面有多种保障措施，具体如下。

(1) 强迫降速：最高层和最低层设置强迫降速开关，堆垛机在该开关起作用时以低速垂直运行；若该开关损坏，则堆垛机始终以低速垂直运行。

(2) 端层识别：当载货台处于最低位置时，禁止下降操作；当载货台处于最高位置时，禁止上升操作。

(3) 限位开关：堆垛机立柱导轨的极限位置设置限位开关，载货台到达极限位置时垂直电机停转，紧急停止。

(4) 缓冲器：当载货台下落撞到下横梁时，缓冲器吸收能量，保护设备。

(5) 过载保护：当载货台承受载荷大于限定值时，禁止载货台上升。

(6) 松绳保护：当钢丝绳失去张紧力时，禁止载货台下降，松绳过载保护装置如图 4.14 所示。

(7) 限速装置：当堆垛机的载货台下坠，超过设定的下降速度时，限速装置使垂直电机停转，达到更高速度后卡死钢丝绳，保护设备安全。

(8) 断绳防坠装置：当堆垛机的载货台自由下坠，限速装置不起作用时，夹紧装置将载货台抱死在立柱升降导轨上。

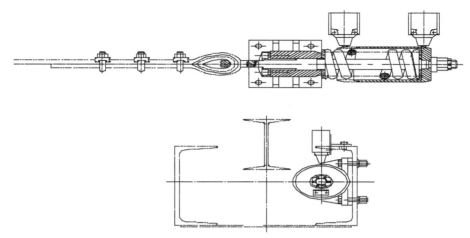

图 4.14　松绳过载保护装置

3. 载货台与货叉机构保护

载货台与货叉机构保护措施具体如下。

(1) 货位有货检测：载货台设有货位有货检测开关，以避免双重入库，当发现待入货位有货时，送入其他空货位并报警。

(2) 交叉联锁：载货台的货叉设有中位及伸叉到位探测开关，在非中位且非伸叉到位状态时，堆垛机禁止水平和垂直运行；在堆垛机水平和垂直运行时，禁止货叉动作。

(3) 货叉伸缩力矩限制保护：当伸叉阻力超过设定值时，避免设备损坏。

堆垛机上所有电机的接触器都装有过载、过热、过流保护。

在堆垛机控制柜上，设置紧急制动开关，开关被按下时，堆垛机将被紧急制动停车，紧急制动开关为自锁式蘑菇头按钮开关，解除制动需要用专用钥匙。

堆垛机具有故障自诊断功能，对运行中出现的故障给出信息提示，在出现故障时发出光报警并停止运行。

4. 维修工作保护

维修工作保护措施具体如下。

(1) 多处急停开关：在堆垛机的操作台、载货台等多处设有急停开关，以确保维修保养工作的安全。

(2) 安全操作开关：维修人员进入维修通道进行人工作业时，可按照安全装置要求启动安全操作开关，此时堆垛机将处于安全锁定状态。

(3) 堆垛机操作安全护笼：堆垛机检修爬梯上设有安全护笼，一侧设有安全绳，以保证检修人员的安全。

4.3.5　堆垛机巷道设备

1. 走行地轨

地轨铺设容差应在国标范围内，以保证堆垛机的顺利运作。

地轨材料为 38kg/m 的标准轨道钢，固定间距为 500mm。

2. 末端缓冲器

作为一种附加的安全手段，在通道尽头设有液压缓冲器，用于吸收满载和最大速度时的动能。

3. 电力传输

堆垛机使用的电力传输是具有完整外壳的滑触线，可以防止发生触电事故。

4.3.6　堆垛机控制系统

堆垛机上设置控制柜，用于实现整个堆垛机系统的自动运行。堆垛机控制系统采用高稳定性的进口控制设备，配套成熟的堆垛机控制程序，以保证巷道堆垛机高效、稳定、可靠地运行。堆垛机采用激光测距方式进行寻址，通信采用红外光通信方式。

控制器采用 S7-300 系列可编程控制器，堆垛机安装有人机操作触摸屏界面，堆垛机的所有检测和状态信息均可通过触摸屏界面来显示，同时操作员也可以通过触摸屏界面对堆垛机发送作业指令。

1. 堆垛机控制功能

堆垛机控制系统具有模块化结构，它是分布式控制[18]；具有硬件自诊断、故障报警功能；可实现全自动、手动、半自动操作；运行兼顾高速与平稳；具有完善的电气联锁保护措施；可以自动修正；定位精度 X 方向为±5mm，Y 方向为±5mm，Z 方向为±3mm。

走行、升降、货叉的控制方式、调速方式、速度曲线如下。

(1) 走行：采用 1C 控制方式，调速方式为变频调速，速度曲线为 S 曲线。

(2) 升降：采用 1C 控制方式，调速方式为变频调速，速度曲线为 S 曲线。

(3) 货叉：采用 1C 控制方式，调速方式为一般调速，速度曲线为台形曲线。

走行和升降 S 曲线控制的主要优点为：消减空闲、等待时间，消减运行时间；减少启动停止时间的振动，即实现平稳的启动、停止；根据移动距离设定无级变速到最高速度，即 S 曲线加减速方式，提供 S 曲线控制谱[19]。

控制器需采用高性能、稳定、可靠、有自身特点的控制系统。

2. 堆垛机运行噪声控制措施[20]

升降机构采用特制轮组，可以实现自润滑；堆垛机具有远程诊断功能；噪声参数低于 75dB；采用 S 曲线加减速(防止货物倒塌)；采用钢绳吊升实现静音化、高速化、安全化；具有充实的信息管理机能；可以自动调整记忆停止位置；具有最优速度控制。

3. 堆垛机操作方式

堆垛机控制有手动、半自动、自动三种运行方式。

1) 手动方式

手动方式采用面板按键控制堆垛机的水平和垂直运动及货叉的伸缩运动。应急方式用于安装、调试和出现故障时的人工操作。此时，堆垛机的运动以最低速度进行。所有锁定装置和监测装置都失效，但急停电路除外。

2) 半自动方式

半自动方式与手动方式的区别在于所有锁定装置、监测装置和急停电路都有效。在堆垛机的显示面板上输入作业命令，堆垛机即自动完成作业，并等待新作业。任务作业命令完全由堆垛机控制系统执行，与管理系统不发生联系。

3) 自动方式

堆垛机通过无线方式与上位机通信，接收上位机下发的各种指令，并执行相应的操作，及时上报指令完成的情况及各种信息。

4.3.7 安全措施

堆垛机可采取的安全措施具体如下。

(1) 载货台安装货物外形尺寸检测装置，若轮对托盘外形尺寸超差，则堆垛机立即停止工作，并发出尺寸出错信号。

(2) 载货台安装货物超重检测装置，若货物超过额定载荷的 10%，则堆垛机立即停止工作，并发出超重出错信号。

(3) 载货台安装防坠制动装置，当下降速度达到最大速度的 120%时，启动防坠制动装置。

(4) 设置货格虚实探测功能，在入库作业，货叉将货物放入货格之前，或出库作业时，货叉将货物放到出库站台之前，均需要探测是否有货，防止失误、重复入库造成事故。

(5) 自动接收上位计算机的控制命令，并将执行结果、工作状态、自诊断信息及报警信息传送回上位计算机。

(6) 机载电控柜上具有人机操作终端。

(7) 控制方式为手动、自动和在线(计算机联网控制),停电后自动恢复功能。

(8) 堆垛机装有运行限位开关,当堆垛机接近两端极限位置时,该装置自动切断走行电机电源。

(9) 堆垛机装有急停按钮,在紧急情况下,切断堆垛机总电源,急停按钮的颜色应符合《人机界面标志标识的基本和安全规则 指示器和操作器件的编码规则》(GB/T 4025—2010)中的规定。

堆垛机的电气联锁保护措施具体如下。

(1) 各控制方式间互锁,以保证某一时刻只允许选用手动或半自动。

(2) 货叉取货和送货完成前,不允许堆垛机运行和载货台高速升降。

(3) 具备常规的联锁和保护,如失压保护、操作开关零位保护、电动机正反转联锁保护、不同速度级的联锁保护、短路和过载保护等。

(4) 堆垛机装有声响报警及指示灯装置,在运行机构启动前,先发出声响及闪动信号。

(5) 堆垛机货叉上装有货物探测装置,可自动检测出货叉上的货物状况。

(6) 堆垛机电气设备安全要求,应符合《巷道堆垛起重机 安全规范》(JB/T 11269—2011)标准。

(7) 堆垛机下框架两端,载货台与上横梁、下框架之间均装有抗冲击性能良好的缓冲器。

(8) 所选用的提升钢丝安全系数应大于8,以保证安全,并遵循钢丝绳的选择、检查、报废的各项原则。

4.3.8 安全绳安全检查周期、更换周期及保养要求

1. 检查与维护

检查分为初始检查、经常性检查和定期检查三种。

1) 初始检查

所有新的、重新安装的和经过大修后的堆垛机,都必须经过初始检查,确定符合国家相关行业的实验、验收规则的要求后,才能使用。

2) 经常性检查

经常性检查是指操作人员或其他指定人员进行目测检查,不需要进行记录。

检查期限:在正常使用工况下,按月检查;在频繁使用工况下,按周检查或按月检查。

检查内容:各运行、升降、货叉伸缩等运动部件有无异常现象;各电气控制柜上的开关、按钮、元件的功能是否失灵;各个检测开关、限位开关是否失灵;各运动件润滑系统的润滑脂、润滑油是否发干变硬或渗漏,有无堵塞现象;报警装置是否失灵;走行起升同步带有无损坏。

3) 定期检查

定期检查由指定的维修人员进行，除了目测检查，还要进行记录，为连续性评定提供依据。

检查期限：在正常使用工况下，按半年检查；在频繁使用工况下，按三个月检查。

检查内容：货叉下挠变形情况；导向面和导向轮的磨损情况；各焊接构件、锻件是否开裂、腐蚀；螺栓、定位销等是否松动；链轮、滑轮、卷筒是否产生裂纹和过分磨损；制动件的磨损情况；走行起升同步带是否损坏；升降轨道是否变形、扭曲、松动；车轮踏面是否损坏；扁平电缆及其他电缆有无损坏；各电气控制件、元器件、行程开关等有无损坏；除了对堆垛机以上项目进行检查，还应对货架、地基的有关部分进行检查，观察是否有异常情况。

2. 修理和更换

修理和更换的具体内容如下。

(1) 构件修理和更换：构件焊缝开裂，应将有裂纹的部分铲掉后重焊；当轴承的工作温度超过 60℃ 或出现不正常的响声时，应检查轴承是否过度磨损或损坏，若有过度磨损或损坏，则应更换。

(2) 链轮更换：若齿根上出现一处疲劳裂纹，轮齿崩裂，以及齿厚的磨损达到原齿厚的 8%～15%时，则应更换链轮。

(3) 车轮更换：两车轮工作直径在不均匀磨损后所造成的直径偏差超过其直径的 1/250 或滚动踏面的磨损超过轮圈原厚度的 15%～20%时，应更换车轮。

(4) 电气控制元件更换：接触器、继电器、按钮、开关、数码显示器等，出现功能失灵、触点烧蚀、破损等问题时，应随时发现、及时更换，以保证电气控制系统工作的安全可靠。

(5) 电缆、电线更换：当发现绝缘层破损漏电或老化时，则应更换。

4.4 堆垛机控制

控制系统采用 PROFIBUS 现场总线，连接分布于输送设备的传感器和执行机构，将变频器、现场分布式 I/O 等直接采用总线电缆连接，实现数字和模拟 I/O 信号。各子系统采用独立 PLC 完成各自功能，根据设备功能划分，移动设备采用独立 PLC 进行控制，地面固定设备采用 PROFIBUS 现场总线结构完成分布式控制。移动设备与地面固定设备之间采用无线以太网通信。堆垛机主要元器件清单如表 4.2 所示。

表 4.2　堆垛机主要元器件清单

名称	型号	品牌
PLC	S7-300 系列	西门子
减速电机 (走行、起升、货叉)	K 系列/R 系列	赛威
水平走行轮组	—	德马格
货叉	DINGO 系列	米亚斯
检测传感器	GSE6	西克
变频器	G120	西门子
触摸屏	KTP700	西门子
断路器	NH40，DZ47-63	正泰
交流接触器	CJX1 系列	正泰
行程开关	YBLX 系列	正泰
按钮	LA42 系列	天逸
红外光通信器	DDSL200 系列	西克
认址测距装置	DL100 系列	西克

第 5 章　RGV

5.1　RGV 主要结构

RGV[21]是有轨制导车辆的英文缩写，又称为有轨穿梭小车，RGV 可用于各类高密度存储方式的仓库，小车通道可设计成任意长度，提高整个仓库的存储量，并且在操作时无须叉车驶入巷道，因此安全性较高。利用无须叉车进入巷道的优势，RGV 在巷道中快速运行，实现 RGV 与输送机构之间托盘的运行，有效提高轮对智能输送系统的运行效率和可靠性。

RGV 具有如下特点。

(1) 运送速度快。

(2) 走行平稳，停车位置准确。

(3) 控制系统简单，可靠性高，制造成本低，便于推广应用。

(4) 承载重量大。

RGV 上端可根据应用途径不同、装配不同的执行机构，以满足各种应用需求。

RGV 主要由车架、驱动轮、随动轮、前/后保险杠、输送机构、通信系统、电气系统以及罩板等组成，其主要结构如图 5.1 所示。RGV 三维图和三视图及

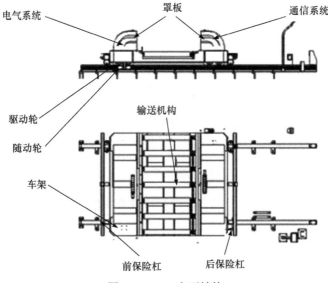

图 5.1　RGV 主要结构

三维轴测图分别如图 5.2 和图 5.3 所示。

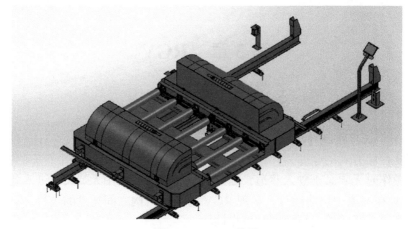

图 5.2　RGV 三维图

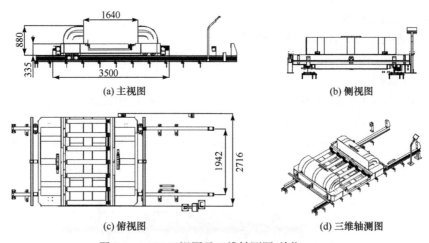

(a) 主视图　　　　　　　　　　　　　　　　(b) 侧视图

(c) 俯视图　　　　　　　　　　　　　　　　(d) 三维轴测图

图 5.3　RGV 三视图及三维轴测图(单位：mm)

5.2　RGV 主要参数及品牌厂家

载荷 3t 的 RGV 主要性能参数如表 5.1 所示。

表 5.1　载荷 3t 的 RGV 主要性能参数

项目	基础数据	备注
数量	1 台	载荷 3t
输送线尺寸($W \times L$)	1550mm × 2600mm	—

续表

项目	基础数据	备注
车体尺寸($W \times L$)	2600mm × 3300mm	—
输送线形式	直径为 138mm，厚度为 6mm	自制
行程	83m	—
走行速度	60m/min	变频调速
走行加速度	0.5m/s^2	—
走行电机	7.5kW(以具体设计为准)	德国赛威公司
移载速度	12m/min	—
移载电机	2.2kW(以具体设计为准)	德国赛威公司
驱动轮材料	铸铁主体+聚氨酯包胶	—
轨道形式	H 型钢	—
供电方式	安全滑触线	德国法勒公司
通信方式	无线通信	—
控制方式	手动遥控、单机自动、联机自动	—
定位方式	激光定位	德国西克公司
定位精度	≤±5mm	—
电源规格	380V/50Hz 三相	—
颜色	招标方指定	—
安全防护	运行时有声光提示，提醒人员注意运动设备，报警装置的声音可以设置调节；采用红外阵列传感器，对 1m 内的障碍物提前做出反应，并确保在距障碍物前 0.5m 以外平稳停车	—

5.3　RGV 主要结构配置

RGV 主要结构配置如表 5.2 所示。

表 5.2　RGV 主要结构配置

序号	名称	型号	数量
1	RGV 主体	载荷 3t	1 台
2	RGV 控制系统	—	1 套

序号	名称	型号	数量
3	西门子 PLC CPU	6ES7314-6EH04-0AB0	1 个
4	西门子触摸屏	6AV2123-2GB03-0AX0	1 个
5	西门子走行变频器	6SL3210-1PE21-1UL0	2 个
6	西门子输送变频器	6SL3210-1PE21-1UL0	1 个
7	西克激光	DL100-21AA2112	1 个
8	西克光通信	ISD400-6111	1 个
9	光电感应开关(漫反射)	GTB6-P4212	6 个
10	控制程序	—	1 套
11	低压电气件、电缆、柜子等附件	—	1 套

5.4 RGV 工作原理

RGV 基本功能：单个货位存放、多个货位连续存放、单个货位捡取、多个货位连续捡取、指定数量捡取、AB 面转换、倒货等。

RGV 控制方式：分为手动和自动两种模式。其中，手动模式是通过电动或者通过辊筒的正转和倒转来控制 RGV 是向前行驶还是后退行驶。手动模式通过操作遥控按键来实现 RGV 的每一个动作。自动模式只需要按下"入库"或"出库"按钮，RGV 即可自动完成一套完整的动作，其工作方式分为先进先出和后进先出两种。

RGV 由走行电机通过驱动轴带动走行轮在轨道上做水平走行，由车体上的辊筒机将货物输送到相应的线体。水平走行采用激光测距的方式控制 RGV 水平走行位置，车体上的辊筒机通过光电检测进行货物的输送；采用红外光通信方式进行控制。

5.5 RGV 参数计算过程

5.5.1 RGV 走行机构的设计计算

1. 走行机构电动机的选取

走行机构电动机所需的功率可按式(5.1)进行计算：

$$P = \frac{F_j v K}{60\eta} \tag{5.1}$$

式中，F_j——走行阻力，N；

　　　v——走行机构的运行速度，取 80m/min；

　　　K——功率系数，一般取 1.2；

　　　η——走行机构的总效率，一般可取 0.8。

　　由式(5.1)可知，须确定走行阻力的大小，可按式(5.2)计算：

$$F_j = m \times g \times \mu \tag{5.2}$$

式中，m——RGV 与货物总重，约为 5800kg；

　　　g——重力加速度，取 10m/s^2；

　　　μ——滚动摩擦系数，查表取 0.05。

　　将式(5.2)代入式(5.1)可得 $P = \dfrac{F_j v K}{60\eta} = 5.8\text{kW}$，故取 $P = 7.5\text{kW}$。

2. RGV 走行轮的设计计算

　　走行轮有驱动轮和随动轮各 2 个，采用轮轴直接连接的驱动方式。走行轮的允许载荷等各参数间有下列关系式：

$$P' = KD'(B - 2r) \tag{5.3}$$

$$K - \frac{240k}{240 + v} \tag{5.4}$$

式中，P'——允许载荷，kg；

　　　D'——车轮的踏面直径，cm；

　　　B——钢轨宽，cm；

　　　r——钢轨头部的圆角半径，cm；

　　　K——许用应力系数，kg·f/cm^2；

　　　v——走行速度，m/min；

　　　k——许用应力，球墨铸铁的许用应力为 50kg·f/cm^2。

　　首先确定 $B = 6.4\text{cm}$，$r = 0.2\text{cm}$，$k = 50\text{kg·f/cm}^2$，$v = 80\text{m/min}$，则 $K = \dfrac{240k}{240 + v} = \dfrac{240 \times 50}{240 + 80} = 37.5\text{kg·f/cm}^2$。

　　走行轮的轮压主要根据疲劳计算轮压选取，疲劳计算轮压计算公式为

$$P_0 = \frac{P_c}{K_Z K_L K_P} \tag{5.5}$$

式中，P_0——疲劳计算轮压，N；

  P_c——计算功率，kW；

  K_Z——链轮齿数系数，查表得 $K_Z = 1.34$；

  K_L——链长系数，查表得 $K_L = 1.09$；

  K_P——多排链系数，查表得 $K_P = 1.0$。

计算功率得 $P_c = K_A P = 1.3 \times 7.5 = 9.75\text{kW}$，其中，$K_A$ 为工况系数，查表得 $K_A = 1.3$。由式(5.5)可得疲劳计算轮压 $P_0 = \dfrac{P_c}{K_Z K_L K_P} = \dfrac{9.75}{1.34 \times 1.09 \times 1.0} = 6.7\text{kW}$。

又根据车轮直径的计算公式：

$$D \geqslant \frac{1000 P_0}{C_1 C_2 L K_1} \tag{5.6}$$

式中，C_1——转速系数；

  C_2——工作级别系数；

  K_1——接触应力常数；

  L——车轮与轨道有效接触宽度，mm。

首先确定 $K_1 = 6.0$，$C_1 = 0.82$，$C_2 = 1.25$，$L = 30\text{mm}$，代入式(5.5)和式(5.6)，计算得到 $D = 37\text{mm}$。

车轮的转速为

$$n = \frac{v \times 1000}{\pi D} = \frac{80 \times 1000}{\pi \times 37} = 688.6\text{rad/min}$$

车轮的轴径为

$$d_{\min} = C \times \sqrt[3]{P/n} = 110 \times \sqrt[3]{7.5/688.6} = 24\text{mm}$$

式中，C——系数，取 110；

  P——轴传递的功率；

  n——轴的转速。

5.5.2 链轮链条的选取校核

设轴径 $d = 80\text{mm}$，传动比 $i = 1$，则链速 $n = \dfrac{v \times 1000}{\pi d} = \dfrac{80 \times 1000}{\pi \times 80} = 318.4\text{rad/min}$，传动效率 $P = 0.1 \times 1500 \times 10 \times 10 / 60 = 250\text{W}$。

1. 选择链轮齿数

初步确定链轮齿数 $Z = 21$。

2. 定链的节距

取工况系数 $K_A = 1.0$，链轮齿数系数 $K_Z = 0.87$，多排链系数 $K_P = 1.0$，则所需传递功率为 $P_d = K_A K_Z / (P \cdot K_P) = 1.0 \times 0.87 / (0.25 \times 1.0) = 3.12\text{kW}$。由此，可选取满足条件的 08A 链，节距 $p = 12.7\text{mm}$。

3. 定链长和中心距

初定中心距 $a_0 = 40p$，则链节数 $L_p = \dfrac{2a_0}{p} + \dfrac{z_1 + z_2}{2} + \dfrac{p}{a_0}\left(\dfrac{z_2 - z_1}{2\pi}\right)^2 = 101\text{mm}$，

式中，z_1 和 z_2 为链轮齿数，均为 21。

链长 $L = L_p p / 1000 = 101 \times 12.7 / 1000 = 1.28\text{m}$。

$$中心距\ a = \frac{p}{4}\left[\left(L_p - \frac{z_1 + z_2}{2}\right) + \sqrt{\left(L_p - \frac{z_1 + z_2}{2}\right)^2 - 8\left(\frac{z_2 - z_1}{2\pi}\right)^2}\ \right] = 508\text{mm}。$$

中心距调整量 $\Delta a = 2p = 2 \times 12.7 = 25.4\text{mm}$；实际中心距 $a = a' - \Delta a = 508 - 25.4 = 482.6\text{mm}$，取 483mm。

4. 求作用在轴上的力

工作拉力 $F = 1000P / v = 1000 \times 7.5 / (80 / 60) = 5625\text{N}$，作用在轴上的压力 $F_Q = 1.2F = 6750\text{N}$，所以轴径 $d_{\min} = C \times \sqrt[3]{P / n} = 110 \times \sqrt[3]{0.25 / 318.4} = 10.1\text{mm}$；取轴径 $d = 16\text{mm}$，取轮径 $D = 80\text{mm}$。

计算结果汇总，链条规格为 08A 单排链，共 101 节，长为 1.28m，大小轮齿数均为 21，中心距 $a = 483\text{mm}$，轴压力 $F_Q = 6750\text{N}$，轴径 $d = 16\text{mm}$，轮径 $D = 80\text{mm}$。

5.5.3　走行机构减速电机的选取

走行机构中的减速电机可根据机构的传动比从标准中选用。

走行机构的传动比由式(5.7)确定：

$$i = \frac{n_m}{n} \tag{5.7}$$

式中，n_m——电动机额定转速，r/min；

　　　 n——车轮的转速，r/min。

将相关数据代入式(5.7)中算得 $i = \dfrac{980}{318.4} = 3.08$，可选取减速电机的标准型号为 SEW 型 $R97$。

5.5.4　走行机构联轴电机的选择

联轴器的具体规格根据载荷情况、计算转矩、轴直径和工作转速来选择。计算转矩由式(5.8)确定：

$$T_c = K_A T$$

$$T = 9550 \times \frac{P}{n_m} = 9550 \times \frac{7.5}{980} = 73.09 \tag{5.8}$$

式中，T_c——许用转矩，N·m；

　　　T——计算转矩，N·m；

　　　P——输出功率，kW；

　　　n_m——额定转速，r/min；

　　　K_A——载荷修正系数。

当联轴器载荷均匀，工作平稳时，$K_A = 1.0$；当联轴器载荷不均匀，中等冲击时，K_A 为 1.1～1.3；当较大冲击载荷，频繁正反转时，K_A 为 1.3～1.5；当特大冲击载荷，频繁正反转时，$K_A > 1.5$。

由设计手册选取弹性柱销联轴器 HL2。它的许用转矩为 215N·m。当半联轴器材料为钢时，其许用转速为 5600r/min。

5.5.5　RGV 机体支架设计

机体支架的设计步骤中，先初步确定机体支架的形状和尺寸(图 5.4)，应根据设计准则和一般要求确定，以保证其内部和外部零部件均能正常运转，并要求机体支架能够在巷道内无阻碍运行。

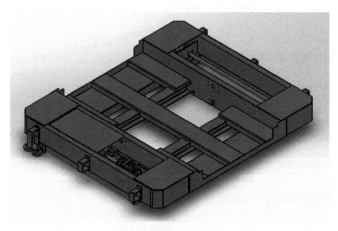

图 5.4　RGV 机体支架

然后，根据机体支架的制造数量、结构形状及尺寸大小，初定制造工艺。进而分析载荷情况，载荷包括机体支架上的设备重量、机体支架本身重量、设备运转的动载荷等。

针对上述的各项要求与准则，结合 RGV 在自动化立体仓库中的工作状况，并考虑到 RGV 自身各个装置与机构间的配合情况，确定机体支架的基本尺寸为：机体支架长 3.3m，宽 2.6m，轮间跨距 1.9m，轮组距离 2.3m，走行轮有驱动轮 2 组 4 件和随动轮 2 组 4 件共 8 件，以保证货叉在运动过程中的平稳性；主梁为 28# 槽钢；配合 150mm × 150mm 的 H 型钢和 120mm × 60mm 的矩形管以及 6 个厚的折弯板一体焊接成型加工，以保证 RGV 起重 3t 的承载能力。

5.5.6 RGV 其他装置设计和选择

1. 供电系统

RGV 的移动供电装置，一般采用滑触线供电方式[22]。根据自动化仓库的特点，其应满足高速度、无须检修、耐用、无脱线现象等要求。RGV 采用底部滑触线供电方式，滑触线设置应符合使用安全及易于保养的要求。

2. 电气设备

电气设备主要包括电力拖动系统、控制系统、检测系统和安全保护系统。对于电力拖动系统，目前国内多采用交流变频调速[23]。对 RGV 的控制一般采用 PLC、单片机、单板机、计算机等。RGV 必须具有自动认址、货物虚实等检测功能，电力拖动系统应同时满足快速、平稳和准确三方面的要求。

3. 轨道

轨道是整个 RGV 的承载部件，因此轨道必须有足够的刚度。轨道为 15# 或以上工字钢，固定在地面上。轨道的全长除了可以涵盖 RGV 最大作业范围，两端头还保留有适当的缓冲长度。

(1) 每段轨道结合面以 45°对接，对接处有一定高度差限制要求。

轨道安装后直线度公差在 200mm 测量长度内不大于 0.5mm，在轨道全长测量长度内不大于±3mm；天轨安装后直线度公差在 200mm 测量长度内不大于 0.5mm，在天轨全长测量长度内不大于±4mm。

(2) 安装后轨道间相互位置公差。

天轨上表面与轨道下表面之间位置公差应不大于±8mm，天轨与轨道之间的水平错位应不大于±5mm。

4. 安全装置

RGV 是一种输送机械，它要求在又高又窄的巷道内高速运行。为了保证人身及设备的安全，RGV 必须配备完善的硬件及软件安全保护装置，并在电气控制上采用一系列联锁和保护措施。除了应采用一般起重机常备的安全保护措施(如各机构的终端限位和缓冲、电机过热和过电流保护、控制电路的零位保护等)，还应根据实际需要，增设各种安全保护装置，主要如下。

(1) 水平极限保护：在巷道两端点均设置强制减速检测装置及紧急制动开关，RGV 在接近巷道两端时，先减速缓行，然后定位停止，避免超程走行，若其在正常范围内仍未停止，则紧急制动开关将迫使 RGV 停止运行。

(2) 缓冲器：正常状态下 RGV 不触及缓冲器，当电气线路故障，发生超程走行时，设置于巷道两端的缓冲器可将 RGV 制动。缓冲器材料为聚氨酯橡胶，可以吸收 RGV 意外超程走行时的冲力。

(3) 动作联锁装置：在 RGV 走行时，输送机不能接送货物；在输送机接送货物时，RGV 不能走行。

(4) 过载保护装置：RGV 中所有驱动电机线路由变频控制过流，以免电机因过载而受损。

(5) 声光报警装置：RGV 在发生故障后，能同时声光报警，以引起操作人员的注意，及时排除故障。

(6) 紧急制动开关：在堆垛机的机载电控柜面板上与 RGV 站台附近均设有紧急制动开关。

(7) 车前自动检测停车功能：在 RGV 两端安装光电矩阵检测器和环境扫描器，当设备扫描到车体前端 1.5m 左右有人或有其他物体时，自动触发超速保护装置，电控系统报警，RGV 立即停止工作，避免发生机器损伤与人员受伤事故。

(8) 系统接口保护要求：RGV 与入/出库输送站台间采用四位光通信实现信号互锁，以保证站台存取货物时的安全;红外通信器与上位机的通信连接采用 RS422 接口。

(9) 其他保护：其他保护包括控制电路得/失压保护、操作开关的零位保护、电机正/反转联锁、短路和过流保护等各种安全保护。

5. 操作设备

采用机载控制柜方式，控制柜随 RGV 运动，具有与上位机进行通信的功能。入/出库口区域的地面上对应有紧急停车按钮，当 RGV 出现异常时，可以紧急停车。一般操作时，人员不进入 RGV 内作业，当发生异常需要进入 RGV 巷道内排除故障时，可以对 RGV 手动操作。

机载控制柜的操作面板上，分别设置各项动作位置的操作键与显示灯、动作限制指示灯操作模式选钮、紧急停车按钮以及其他必要的按钮与指示灯等。

操作设备除了具有手动、自动、在线等主功能，还具有帮助功能，即在异常发生时，能自我检测异常发生点，将异常显示在液晶显示屏上，并指导使用者依照指示动作作业，以便尽快排除异常。

此外，RGV 能将异常发生的代号实时传递给上位机，作为将来问题跟踪的记录，以便彻底排除隐患，防止再发生类似的故障。

6. 操作模式

1) 在线操作

通过红外线数据传输器接收由地面发出的存货命令和取货命令，机载控制柜根据这些命令自动完成存货和取货的操作，并将 RGV 的状况和货位状况发送至上位机系统。

2) 自动操作

通过操作面板输入目标地址，RGV 自动完成一个存/取货的操作。

3) 手动操作

通过操作按钮控制水平垂直货叉各方向的动作，主要用于简单的调试工作。

在运行无安全隐患的状况下，RGV 在巷道内任何位置，均能方便地转换操作方向。

7. RGV 走行区土建要求

1) 长度要求

根据机械行业标准《自动化立体仓库　设计规范》(JB/T 9018—2011)，仓库建筑应满足表 5.3 的要求。

表 5.3　长度公差要求

地面长度/m	公差/mm
≤50	±10
≤100	±15
<150	±20

2) 平整度要求

RGV 走行地面平整度允许偏差：当走行长度<100m 时，允许偏差为±15mm。

3) 2m 范围偏差要求

2m 范围内地面高度差应不超过±3mm。

4) 地面沉降变形要求

最大载荷长期作用下，整个输送系统基础不均匀沉降应不大于 1/1000，并没有渗水、积水等现象。

5) 地面承重要求

RGV 走行区地面承载要求根据 RGV 具体结构和零部件状态确定。

第6章 二维码自动读取装置

6.1 二维码自动读取装置布局

二维码自动读取装置包括二维码扫描传感器，以及 10 个制动盘、4 个车轮、1 个车轴以及 1 个托盘，具体布置如图 6.1 所示。

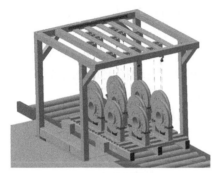 

(a) 制动盘布置   (b) 车轮布置

图 6.1 二维码自动读取装置布局图

6.2 二维码自动读取装置需获取参数

6.2.1 立体库中托盘信息

立体库托盘信息如下。

(1) A 货位号：010718 前排货位信息、020718 后排货位信息。

(2) B 托盘：0101～0161 三型动车车轴；0201～0276 三型拖车车轴；0301～0316 五型动车车轴；0401～0421 制动盘托盘；0501～0521 车轮托盘。

(3) C 车轴轴号信息：678567858768。

(4) D 车轴尺寸信息：01 标记端轴颈直径；02 左轴径；03 左轮座；04 左盘座；05 中盘座；06 右盘座；07 右轮座；08 非标记端轴颈直径。

(5) E 制动盘信息：01 制动盘中心孔；02 制动盘中心孔；03 制动盘中心孔；04 制动盘中心孔；05 制动盘中心孔；06 制动盘中心孔；07 制动盘中心孔；08 制动盘中心孔；09 制动盘中心孔；10 制动盘中心孔。

(6) F 车轮信息：01 车轮中心孔直径；02 车轮中心孔直径；03 车轮中心孔直径；04 车轮中心孔直径。

(7) G 存放时间：2017.12.31.10:30。

6.2.2　立体库中货物信息

立体库中货物信息如下。

(1) 轴型为 GBDA2B，轴号为 L E1603718-0052，材质为 EA4T，图号为 CCDZ152A-210-000，3 级修，CRH3，动轴(无齿轮箱)-左轴径(130.026，130.064)，左轮座(190.031，190.033)，右轮座(190.031，190.033)，右轴径(130.026，130.064)，打印时间为 2017.12.31.10:30，操作人员姓名信息。

(2) 轴型为 GBDA2B，轴号为 L E1603718-0052，材质为 EA4T，图号为 CCDZ152A-210-000，3 级修，CRH3，拖轴-左轴径(130.026，130.064)，左轮座(190.031，190.033)，左盘座(197.236，197.281)，中盘座(196.254，196.281)，右盘座(197.236，197.281)，右轮座(190.031，190.033)，右轴径(130.026，130.064)，打印时间为 2017.12.31.10:30，操作人员姓名信息。

(3) 轴型为 GBDA2B，轴号为 L E1603718-0052，材质为 EA4T，图号为 CCDZ152A-210-000，3 级修，CRH5 型，动轴-左轴径(130.026，130.064)，左轮座(190.031，190.033)，左盘座(197.236，190.281)，右盘座(197.236，190.281)，右轮座(190.031，190.033)，右轴径(130.026，130.064)，打印时间为 2017.12.31.10:30，操作人员姓名信息。

(4) 轴型为 GBDA2B，轴号为 L E1603718-0052，材质为 EA4T，图号为 CCDZ152A-210-000，3 级修，CRH5 型，拖轴-左轴径(130.026，130.064)，左轮座(190.031，190.033)，左盘座(197.236，190.281)，中盘座(197.236，190.281)，右盘座(197.236，190.281)，右轮座(190.031，190.033)，右轴径(130.026，130.064)，打印时间为 2017.12.31.10:30，操作人员姓名信息。

(5) 轮号为 L E 1700703 0073，3 级修，车型为 CRH3，车轮滚动圆直径为(840.900，840.950)，车轮中心孔直径为(196.010，196.120)，打印时间为 2017.12.31.10:30，操作人员姓名信息。

(6) 轮号为 L E 1700703 0073，3 级修，车型为 CRH3，车轮滚动圆直径为(840.900，840.950)，车轮中心孔直径为(196.010，196.120)，打印时间为 2017.12.31.10:30，操作人员姓名信息。

(7) 盘号为 123456712345671234567，3 级修，车型为 CRH3，中心孔直径为(197.000，197.028)，打印时间为 2017.12.31.10:30，操作人员姓名信息。

(8) 盘号为 123456712345671234567，3 级修，车型为 CRH5，制动盘中心孔直径为(194.000，194.028)，打印时间为 2017.12.31.10:30，操作人员姓名信息。

6.2.3　二维码自动读取装置工作流程

二维码自动读取装置工作流程如下。

(1) 人工装好的托盘通过叉车放到托盘入库口处的自动输送托架上,并通过托盘入库口处设置的二维码自动读取装置实现托盘上的所有零部件及托盘二维码的自动读取、捆绑和上传到设备中央数据库等工作。

(2) 二维码自动读取装置为二维码读取传感器,其配置满足托盘上所有零部件包括托盘本身的二维码自动读取要求,所有二维码读取传感器的设置应保证能够快速读取到托盘上所有零部件和托盘本身的二维码信息。

(3) 二维码自动读取装置具有纠错报警功能,以保证所有托盘和托盘中的零部件摆放位置及方向均满足入库要求,若出现不符合要求的情况,则会立即报警,以确保所有入库的托盘及零部件均满足选配要求。

系统在每个二维码自动读取装置旁边均设置光电感应开关,以检测零部件的有无。若光电感应开关有信号而没有二维码读取信息,说明二维码自动读取装置损坏,系统报警并指示错误读取二维码的位置,此时为了不影响零部件入库,可以由操作员持便携式二维码自动读取装置继续扫描,完成零部件托盘入库工作。

6.3　二维码定位与识别

6.3.1　轴端二维码定位图像

对于数据矩阵(data matrix,DM)二维码定位图形,其位于二维码边界,且定位图形的“L”边是实线边界,通过对实线边界的提取[24]可以对 DM 二维码进行精确定位。霍夫(Hough)变换[25]对旋转的 DM 二维码中的“L”形边界也可以检测到,其通过检测原图像的线性特征进行提取,假设直线的斜率为 k ,截距为 b 。霍夫变换的基本原理是在极坐标系下同一直线的斜率和截距相同,因此可以将像素坐标系中原图像上的点投影到直线参数空间 (k,b) 中,其原始图像中的点经过投影变换为参数空间中的曲线,计算在参数空间各个点曲线的数量,当曲线的数量足够多时,即可认为是一条直线,如图 6.2 所示。

在像素坐标系中,直线用截距式表示为

$$y = kx + b \tag{6.1}$$

其中,过点 $A(x_0, y_0)$ 的直线可表示为 $y_0 = kx_0 + b$,转换到参数空间坐标系表示过 A 点的所有直线方程为

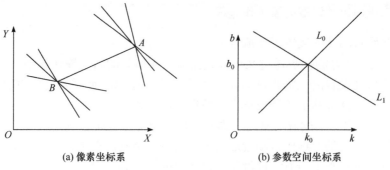

(a) 像素坐标系　　　　　(b) 参数空间坐标系

图 6.2　直线的不同坐标系表示

$$b = -kx_0 + y_0 \tag{6.2}$$

同样，过 B 点的所有直线方程为

$$b = -kx_1 + y_1 \tag{6.3}$$

在实际操作中，当使用截距式表示垂直于 X 轴的直线时，其斜率是无穷的，这会使运算变得很复杂，为了便于计算，常用极坐标公式表示直线：

$$r = x\cos\theta + y\cos\theta \tag{6.4}$$

式中，r ——原点 O 到直线的垂直距离；

　　　θ ——垂直直线与 x 轴正方向的夹角。

极坐标系变换如图 6.3 所示。

此时，像素坐标系中的每一个点变换到 (ρ,θ) 参数空间中均是一条正弦曲线，这样避免了垂直于 X 轴的直线斜率无穷大的问题，在此空间中，某一点通过的曲线越多，转换到原始图像的直线越稳定。

考虑到霍夫变换算法可能检测到 DM 二维码内部的直线，因此对检测到的直线进行筛选。对霍夫变换算法检测到的直线，依据该线段的起点和终点坐标，计算该线段的长度，滤除 DM 内部的线段。图 6.4 为霍夫变换算法检测得到的实线定位的外边缘轮廓。

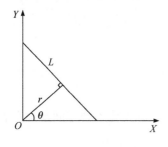

图 6.3　极坐标系变换　　　　　　图 6.4　轴端 DM 二维码实线检测

6.3.2　车轮和制动盘二维码定位

对于粘贴在车轮和制动盘表面的快速反应(quick response，QR)二维码，其存在曲面畸变[26]的情况，这是发生了非线性畸变[27]，可能会导致回字定位图形的像素个数比例无法满足 $1:1:3:1:1$ 的情况，无法定位到 QR 二维码的定位图形，因此引入最小外接矩形算法对二维码进行定位，从而得到二维码的 4 个角点。最小外接矩形，在图像处理领域是指包含某一图像单元中所有矩形最小的一个，在检测领域常用于描述图元的轮廓特征。

一般计算图元最小外接矩形方法对图元进行旋转，对此时旋转角度为 α 的图元以垂直、平行于坐标轴的四条直线进行扫描，记录相切于图元的直线方程，记四条直线方程公式如下：

$$y=a,\quad y=b,\quad x=c,\quad x=d \tag{6.5}$$

其中，$y=a$ 位于图元的上方，$y=b$ 位于图元的下方，$x=c$ 位于图元的左方，$x=d$ 位于图元的右方。

按照式(6.6)计算此时这四条直线组成的面积 A_α：

$$A_\alpha=(b-a)\times(d-c) \tag{6.6}$$

设置角度增量为 θ，计算此角度下的面积，遍历所有的角度，计算完成，从 A_α 中选出最小的矩形面积，即该图元的最小外接矩形。

利用二维码粗定位[28]中的二维码角点来代替图元，通过对角点旋转，统计出此时所有角点中的最大横坐标 x'_{max}、最小横坐标 x'_{min}、最大纵坐标 y'_{max} 以及最小纵坐标 y'_{min}。

假设旋转角度为 θ，设置旋转增量为 $\alpha\in(0,90)$；原坐标为 (x,y)，旋转后的坐标为 (x',y')，依据式(6.7)求出

$$\begin{cases} x'=y\sin\theta+x\cos\theta \\ y'=y\cos\theta-x\sin\theta \end{cases} \tag{6.7}$$

转换为矩阵形式为

$$\begin{bmatrix} x' \\ y' \end{bmatrix}=\begin{bmatrix} \cos\theta & \sin\theta \\ -\sin\theta & \cos\theta \end{bmatrix}\begin{bmatrix} x \\ y \end{bmatrix} \tag{6.8}$$

求出此时的面积 A_α，可表示为

$$A_\alpha=(y'_{max}-y'_{min})(x'_{max}-x'_{min}) \tag{6.9}$$

遍历旋转角度，筛选出最小的面积 $\min(A_\alpha)$，处理效果如图 6.5 所示。由图可以看到，最小外接矩形可以较好地将二维码的外轮廓定位出来。

图 6.5　最小外接矩形

对二维码精确定位之后，可以从图中看到，最小外接矩形的 4 个角点不一定是二维码的 4 个角点，因此需要对最小外接矩形进行进一步处理，检测步骤如下。

(1) 使用上述最小外接矩形算法对二维码进行定位。

(2) 如图 6.6 所示，利用矩形的 4 个角点坐标求出两条对角线的直线斜率，构建直线逼近方程。

(3) 以直线逼近方程的斜率为定量，截距为变量，向二维码的角点逼近，判断在线段上某点的灰度是否为黑色，当检测到黑色灰度时，停止逼近，将该点记录为二维码的角点。

对生成的 QR 二维码和 DM 二维码分析可知，对于不同的二维码，第 4 个角点不在边缘上，因此该算法只检测到位置探测图案上的角点。

(a) DM 二维码角点

(b) QR 二维码角点

图 6.6　DM 二维码角点与 QR 二维码角点

6.3.3　二维码畸变校正

1. 车轴轴端二维码边缘提取

粘贴在轴端上的 DM 二维码虽然发生了畸变，但是其畸变程度是线性的，采用霍夫变换获取二维码实线外边缘所在的两条直线；角点就是两条霍夫直线的交点，定义为 $p_1(x_1, y_1)$，其余两个点定义为 $p_2(x_2, y_2)$、$p_3(x_3, y_3)$。

由 "L" 形实线定位图形的特征可知，其宽度是一个 DM 二维码数据单位大小，且它们都具有相同的像素。接着定位 DM 二维码虚线边缘直线，步骤如下。

(1) 定位出 "L" 形实线定位图形内角点 $p_4(x_4, y_4)$，将两条实线外边缘直线向二维码内部平移一个数据单元，其交点定义为内角点。

(2) 以 $p_4(x_4, y_4)$ 为起始点，分别沿着两条内边缘方程进行像素检测，得到内边缘的顶点为 $p_5(x_6, y_6)$、$p_7(x_7, y_7)$。

(3) 分别以 $p_2(x_2, y_2)$、$p_6(x_6, y_6)$ 和 $p_3(x_3, y_3)$、$p_7(x_7, y_7)$ 拟合出虚线边缘的直线方程，进而得到 DM 二维码的第 4 个角点 $p_5(x_5, y_5)$。至此，二维码角点全部求出。

如图 6.7 所示，p_2、p_6、p_5 为上边界虚线边缘的关键点，p_3、p_7、p_5 为右边界虚线边缘的关键点。

2. 车轮和制动盘曲面二维码畸变校正

DM 二维码与 QR 二维码的定位图形不同之处在于，DM 二维码中构成虚线边缘的特征由黑白像素块排列而成，需要将虚线边缘中黑色像素块的角点作为关键点，进而对 DM 二维码进行校正。

通过观察粘贴在车轮、制动盘上的二维码，可以看到二维码中间凸起，上下两边的二维码

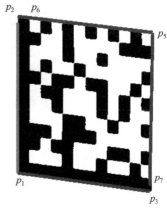

图 6.7 DM 二维码边界提取

区域凹陷的情况，这是发生了非线性畸变。以上边界为例，将虚线边缘中相邻黑色和白色数据块视为基础单元，定义设置为 N，桥梁的边长设置为 $1.5N$，对上边界进行桥梁铺设，具体操作方法如下。

(1) 以最小矩形求得的实线角点作为桥梁起点，长度为 $1.5N$ 线段绕该点旋转，直到线段与二维码上边界中的黑色边缘线接触；当接触到上边界线时，判断该线段的终点坐标是否与相邻的基础单元重合，若不重合，则进行步骤(2)，若重合，则进行步骤(3)。

(2) 若接触点的个数大于 1，则选择离起点最近的切点，记录其坐标，并在下一段桥梁铺设时，以此切点为起点；若接触点的个数为 1，则记录其坐标，并在下一段桥梁铺设时，以此切点为起点。

(3) 在迭代过程中，当该线段的终点坐标接触到相邻的基础单元时，迭代结束。该终点坐标可以认为是相邻数据单元的角点。

(4) 以新得到的角点重复上述步骤，直至得到 5 个关键点。

对另一条虚线边缘进行同样的处理，以实线边缘的顶点作为起始点，得到 5 个关键点，如图 6.8 所示。

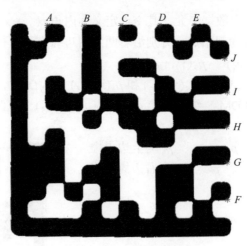

图 6.8　DM 二维码关键点

6.3.4　实验结果及分析

1. 识别系统的实现

通过比较传统的二维码识别算法流程，进行算法可行性分析。在大多数使用场景下，传统的算法流程都是对原图像进行开闭运算，进行形态学处理[29]，以提取出二维码区域。但是结合二维码使用的实际情况，现场环境存在光照不均的现象，首先通过邻点融合算法从原图像中分割出二维码区域，对其进行粗定位。为了验证所提出的解码算法流程，搭建对 QR 二维码和 DM 二维码的识别系统，对在三种零部件下采集的图像进行分析，对两种畸变情况进行校正，生成标准的二维码。

拍摄 100 张不同轮对零部件类型上的二维码，使用解码库 ZXing 和算法对其进行解码，评判标准以译码个数和准确率作为参照结果。由于 DM 二维码不能输入中文，将同一个轮对零部件的信息经过十进制数字特殊的编码规则生成数字后，生成 QR 二维码和 DM 二维码，作为实验样本。

2. 轮对零部件二维码识别效果分析

1) 轴端二维码实验分析

背景干扰、拍摄角度等会导致二维码畸变严重，因此直接使用 ZXing 解码[30]，综合识别率仅为 75%。而使用提出的轴端二维码分割、校正得到标准二维码[31]，再通过 ZXing 解码，QR 二维码识别率达到了 96%，DM 二维码识别率达到了 95%，综合识别率达到了 95.5%。实验表明，本算法流程对 QR 二维码和 DM 二维码的畸变校正取得了良好的效果。

虽然直接使用 ZXing 解码库也能将轴端二维码识别出来，但是算法校正后的识别率相对原图直接解码要高，特别是当畸变较为严重时，只有经过校正算法的二维码才能被 ZXing 识别。

对没有识别的二维码进行分析，可能是拍摄距离过大导致整体光线偏弱、角度过大，进而导致定位算法发生错误，从而无法准确对二维码进行校正。

实验结果表明，经过轴端二维码识别算法处理的二维码识别率提高了 20.5%，在二维码使用环境上降低了复杂背景对识别率的影响。

本节选取了几张具有代表性的不同时刻、不同拍摄距离的图片，处理结果如图 6.9 所示。图 6.9(a)为轴端原始图像，图 6.9(b)为校正后的二维码图像。

(a) 轴端原始图像　　　　(b) 校正后的二维码图像

图 6.9　轴端图像校正结果

2) 车轮和制动盘二维码实验分析

对车轮和制动盘拍摄了 100 张不同时刻、不同零部件上的二维码进行实验。实验发现，直接通过 ZXing 对其进行解码，综合识别率为 67%，而通过校正算法得到的 DM 二维码识别率达到了 89%，QR 二维码识别率达到了 91%，综合识别率为 90%，当畸变较为严重时，二维码只有通过校正才能被识别。实验表明，本算法流程对 QR 二维码和 DM 二维码的畸变校正均取得了良好的效果。

对没有识别的二维码进行分析，可能是粘贴位置变化导致畸变严重，对其定位时无法定位关键点，从而导致校正失败，经过本节算法的校正，将非线性畸变校正为平面图像。下面选取了几张具有代表性的不同时刻、不同车轮直径的图片，处理结果如图 6.10 所示，图 6.10(a)为曲面原始图像，图 6.10(b)为校正后的二维码图像。

(a) 曲面原始图像   (b) 校正后的二维码图像

图 6.10   曲面图像校正结果

第7章 输 送 机

托盘出库口、托盘入库口、动/拖车轮对组件配盘入/出库口、车轮/制动盘托盘入/出库口、空托盘入库口、满托盘出库口以及配好托盘缓存工位均采用往返辊筒式输送机；成品轮对缓存工位采用往返+移载辊筒式输送机。

7.1 往返辊筒式输送机

7.1.1 往返辊筒式输送机的主要结构

往返辊筒式输送机使用优质辊筒，具有高强耐磨特性，使用可靠，输送机机构侧面采用型材，支架采用型材焊接喷涂处理。驱动链条采用国家标准节距精密滚子链条传输；带座轴承采用国内知名品牌。驱动输出部分及张紧机构安装有安全防护罩。采用整体支撑框体支架，结构合理，色彩协调，外表美观。

往返辊筒式输送机主要由机体支架、可调支腿、驱动装置、钢质链轮辊子、导向件、拉杆等组成，其结构如图 7.1 所示。其中，机体支架采用型材组装而成；钢质链轮辊子采用 Q235A 制成，其端部焊有链轮，采用双链轮形式；驱动装置由驱动架、减速电机、电机链轮、链条等组成。驱动装置安装在机体支架下方，通过精密链条传动给相邻两个钢质链轮辊子上的双排链轮，从而带动这两个钢质链轮辊子转动，这两个钢质链轮辊子又通过链条和链轮分别传动给相邻钢质链轮辊子，逐次传递，直到所有钢质链轮辊子都被传动起来。往返辊筒式输送机实物如图 7.2 所示。

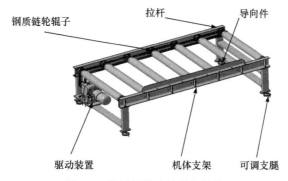

图 7.1 往返辊筒式输送机结构

图 7.2　往返辊筒式输送机实物

7.1.2　往返辊筒式输送机的三视图

往返辊筒式输送机的三视图及三维轴测图如图 7.3 所示。

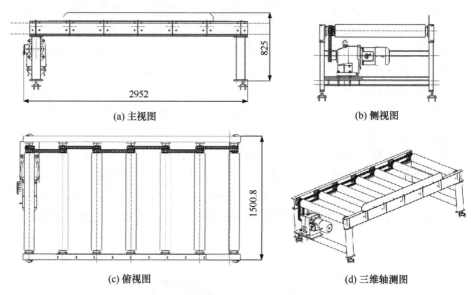

(a) 主视图　　　　　　　　　　　　(b) 侧视图

(c) 俯视图　　　　　　　　　　　　(d) 三维轴测图

图 7.3　往返辊筒式输送机的三视图及三维轴测图(单位：mm)

7.1.3　往返辊筒式输送机的技术参数

往返辊筒式输送机的技术参数如表 7.1 所示。

表 7.1　往返辊筒式输送机的技术参数

项目	描述
通常的用途	简便地将托盘向前输送

续表

项目	描述
材料及特性	标准的型材机体支架及驱动辊筒具备以下优点。 (1) 结构设计简单、动作可靠、不需要经常维护。 (2) 单电机拖动，维护更简单。 (3) 所有设备的现场对接均采用标准螺丝安装。 (4) 机器外表面采用喷塑处理，以保证外表美观及长时间机器外表面质量
设备参数	辊子：ϕ138mm 双链辊子，辊子内两端轴承为免维护带座轴承，钢质链轮，碳钢制作。 机体支架：型材，规格为 18#槽钢。 可调支腿：型材焊接式，用连接板与机体支架螺栓连接，调节脚底座与地面连接，输送面高度调节+50mm，杯脚采用黑色塑料圆底 M24 可调杯脚(杯脚与地固定)。 驱动装置：采用中间驱动方式。 表面涂装：机体支架、可调支腿、导向件、附件等零部件先经钢丝刷、砂纸等除锈，再经酸洗去油脂，最后经磷化后表面静电喷涂环氧树脂粉末并烘烤，喷涂色由用户指定色卡。 外购件配置：采用赛威电机，辊筒自制。 单机能耗：3kW。 防护等级：IP 54。 工作温度：–5～45℃。 相对湿度：≤90%。 物品质量：不大于 3000kg。 输送线额定输送速度：12m/min。 预定托盘停放位置偏差：±25mm。 窄辊式输送机有效工作面宽：1500mm。 工作面高度：700mm。 定位精度：±5mm。 噪声指标：运行时最大噪声不高于 75dB

7.2 往返+移载辊筒式输送机

7.2.1 往返+移载辊筒式输送机的主要结构

　　移载装置[32]用于实现托盘在直角转向处两个方向的传送。移载机由升降部分及移载部分组成，升降部分采用液压升降，移载部分采用链条移载托盘。机体支架采用型材结构，各个单机设备外表美观，耐磨，为组合式结构，尽量减少焊接点。结构件喷塑处理，传动件发黑处理。在输送机工作时，其噪声应不高于 75dB。往返+移载辊筒式输送机实物如图 7.4 所示。

　　往返+移载辊筒式输送机主要是由往返辊筒式输送机与移载装置结合而成的，移载装置主要由链轮、电机、油缸等构成。往返+移载辊筒式输送机安置在需要直角转弯的地方，托盘通过输送机运输到产品正上方时，油缸带动移载部分向上运动，将上部的移载部分提升一定的距离，托盘静止在链条上与输送机的辊子脱离。发动电机，链轮带动链条运动，托盘在链条上向前移动，进入另一条双链辊道输送机上，完成直角转弯。

图 7.4　往返+移载辊筒式输送机实物

　　挡板装置比链条略高，未被举升机构举起时比往返+移载辊筒式输送机的辊子低，被举升机构举起时比往返+移载辊筒式输送机的辊子略高，能阻挡往返+移载辊筒式输送机上的托盘继续向前移动，避免影响前一个托盘直角转弯。

7.2.2　往返+移载辊筒式输送机的三视图

　　往返+移载辊筒式输送机的三视图及三维轴测图如图 7.5 所示。

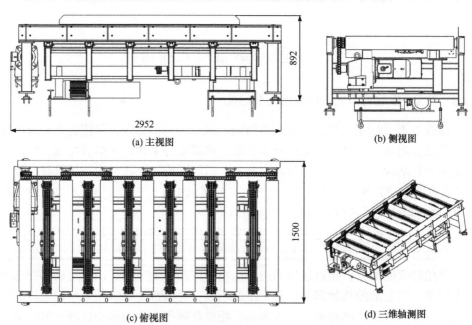

(a) 主视图

(b) 侧视图

(c) 俯视图

(d) 三维轴测图

图 7.5　往返+移载辊筒式输送机的三视图及三维轴测图(单位：mm)

7.2.3　往返+移载辊筒式输送机的技术参数

往返+移载辊筒式输送机的技术参数如表 7.2 所示。

表 7.2　往返+移载辊筒式输送机的技术参数

项目	描述
用途	将托盘货物运行方向换向 90°
特性	当托盘需要换向时，挡块挡住托盘前进，托盘会升起或下降至另一输送设备，改变运行方向
设备参数	机体支架：型材，规格为 18#槽钢。 可调支腿：型材焊接式，18#槽钢，用连接板与机体支架螺栓连接，调节脚底座与地面连接，输送面高度调节+50mm，杯脚采用黑色塑料圆底 M24 可调杯脚(杯脚与地固定)。 驱动装置：采用减速电机驱动方式。 表面涂装：机体支架、可调支腿、导向件、附件等零部件先经钢丝刷、砂纸等除锈，再经酸洗去油脂，最后磷化后表面静电喷涂环氧树脂粉末并烘烤，喷涂色由用户指定色卡。 外购件配置：采用赛威电机和减速电机。 防护等级：IP 54。 工作温度：−5～45℃。 相对湿度：≤90%。 物品质量：不大于 3000kg。 顶升行程：100mm。 对位精度：± 5mm。 噪声指标：运行时最大噪声不高于 75dB

7.3　输送机的厂家品牌及结构配置

往返+移载辊筒式输送机的厂家品牌及结构配置如表 7.3 所示。

表 7.3　往返+移载辊筒式输送机的厂家品牌及结构配置

序号	名称	型号(尺寸)	数量
1	辊筒输送机($L \times W \times H$)	1800mm×2600mm×700mm	1 台
2	辊筒输送机($L \times W \times H$)	2900mm×1550mm×700mm	27 台
3	链条输送机($L \times W \times H$)	3500mm×2200mm×700mm	1 台
4	顶升移载($L \times W \times H$)	1800mm × 2600mm × 700mm	5 台
5	西门子 PLC CPU	6ES7314-6EH04-0AB0	1 个
6	西门子 PLC 输入模块	6ES7321-1BL00-0AA0	7 个
7	西门子 PLC 输出模块	6ES7322-1BL00-0AA0	6 个

续表

序号	名称	型号(尺寸)	数量
8	西门子触摸屏	6AV2123-2GB03-0AX0	1 个
9	AB 变频器	22F-D8P7N103	34 台
10	西克光电感应开关	GTB6-P1212	105 个
11	西克接近开关	GTB6-P1212	10 个
12	低压电气件、电缆、柜子等附件	—	1 套
13	二维固定扫码	ICR620S	6 个
14	控制程序	—	1 套

7.4　自动输送线的构成、工作过程和原理

7.4.1　自动输送线的构成

轮对零部件自动输送线 1 套,包括立体库轮对零部件自动输送线、压装机轮对零部件自动输送线、成品轮对下料工位自动输送线以及 RGV 自动输送线等四部分。

1. 立体库轮对零部件自动输送线

图 7.6 中标注的数字 1～6 为立体库轮对零部件自动输送线。

图 7.6　立体库轮对零部件自动输送线

2. 压装机轮对零部件自动输送线

图 7.7 中标注的成品轮对输送线 1、2 和配好托盘输送线 1、2 为压装机轮对零部件自动输送线。

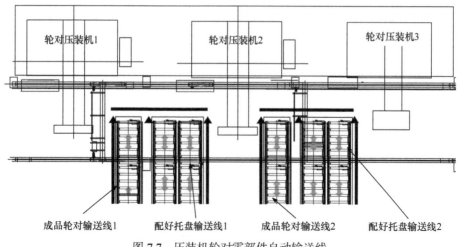

图 7.7 压装机轮对零部件自动输送线

3. 成品轮对下料工位自动输送线

成品轮对下料工位自动输送线如图 7.8 所示。

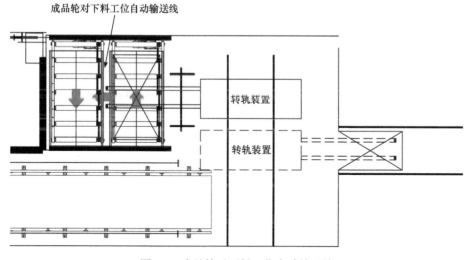

图 7.8 成品轮对下料工位自动输送线

4. RGV 自动输送线

图 7.9 中标注的动/拖车轮对组件配盘入/出库口输送线、成品轮对输送线 1 和 2、成品轮对下料工位输送线为 RGV 自动输送线。

动/拖车轮对组件配盘入/出库口输送线　成品轮对输送线1　成品轮对输送线2　成品轮对下料工位输送线

图 7.9　RGV 自动输送线

7.4.2　自动输送线的工作过程

自动输送线的工作过程如下。

(1) 通过二维码读取装置实现各种动车轮对单元(每条动车轮对包括 1 个车轴齿轮箱、2 个车轮组成等)、拖车轮对单元(每条拖车轮对包括 1 个车轴、2 个车轮、3 个制动盘等)等所有零部件二维码生成及扫描检索。

(2) 通过堆垛机完成各种零部件在立体库中的自动存取。

(3) 通过桁架机械手、动/拖车轮对组件输送机及车轮/制动盘输送机，按车型、尺寸公差等生产要求自动实现各种动车和拖车轮对零部件的配盘作业(自动实现将组成一条轮对的合适零部件放置在同一个托盘中的配盘作业)。

(4) 通过 RGV 将已经配好盘的轮对零部件托盘自动输送到相应轮对压装机旁边的两处轮对零部件配好托盘缓存工位上。

(5) 通过 RGV 将已经组装好的成品轮对从轮对压装机的成品轮对缓存工位上自动输送到成品轮对下料工位处，RGV 轨道在地轨以下，保持成品轮对下料装置的轨道和地轨高度一致，如图 7.10 所示。

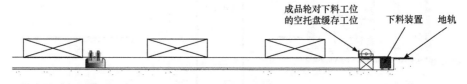

图 7.10　RGV 安装高度

(6) 通过下料工位处的转轨机构完成成品轮对自动弹出到地轨上。

7.4.3　自动输送线的工作原理

自动输送线的工作原理如下。

(1) 使用手动气枪、清洁剂等完成对光车轴、动车带齿轮箱的车轴、拖车车轴带若干制动盘、动/拖车车轮、制动盘等轮对零部件入库前清理。

(2) 使用二维码系统打印包含轮对零部件车型、序列号、尺寸公差等信息的二维码，并将二维码粘贴到零部件位置。

(3) 动车轮对组件装入托盘、拖车轮对组件装入托盘、车轮装入托盘、制动盘装入托盘。

(4) 轮对零部件装好托盘后通过叉车放到立体库托盘入库口，二维码自动扫描装置扫描托盘及托盘中的零部件二维码，绑定入库，并将绑定信息上传至中央控制系统，堆垛机根据二维码绑定信息自动将托盘送至立体库合适位置。

(5) 中央控制系统根据生产计划输入信息，自动完成轮对组件托盘筛选，且按轮对类型、维修等级、尺寸公差等要求，完成轮对组件托盘的自动配盘。

(6) 中央控制系统自动判断轮对压装机处的配好托盘缓存工位的满托盘存放位置是否为空，若是空的，则中央控制系统自动将已经配好的轮对组件托盘通过堆垛机和 RGV 输送到轮对压装机处的托盘缓存工位的满托盘位置上，然后 RGV 和堆垛机将托盘缓存工位的空托盘存放位置上的空托盘自动输送到立体库中。

(7) 轮对压装机操作人员利用轮对压装机处二维码读取装置手动读入轮对组件托盘中的零部件二维码信息，手动将需要的序列号等信息输入轮对压装机控制系统中，操作人员将配好托盘的组件吊运到轮对压装机上进行压装作业；托盘缓存工位的满托盘空了以后，由操作人员按下"空托盘回库"按钮，RGV 将空托盘送回至库区入/出库输送机，空托盘入库；压装好的轮对吊放到成品轮对缓存工位的托盘上(动车轮对应安装好齿轮箱辅助支承滚轮后装入成品轮对托盘)。

(8) 轮对压装机操作人员根据成品轮对下料工位处的轮对存放情况，按下"成品轮对完成"按钮，RGV 将装好成品轮对的托盘自动输送到成品轮对下料工位；成品轮对下料工位的转轨机构自动将成品轮对输送到地轨上，成品轮对的空托盘自动转运到成品轮对下料工位的空托盘缓存位置上；RGV 输送下一次成品轮对后，直接将该缓存位置上的成品轮对空托盘取走，输送到轮对压装机处的成品轮对缓存工位上。

7.5 输送机的相关分析计算

7.5.1 输送机参数计算

输送机参数列表如表 7.4 所示。

表 7.4 输送机参数列表

项目	基础数据/规格	备注
载荷	3000kg	—
输送高度	700mm	—
输送速度	12m/min	—
辊筒直径	138mm	—
驱动方式	赛威减速电机	变频调速

项目	基础数据/规格	备注
控制方式	手动遥控、单机自动、联机自动	—
制动方式	掉电工作型	—
电源规格	380V/50Hz 三相	—
通信方式	有线通信	—
表面处理	碳钢喷塑	—

7.5.2　主要参数计算

辊筒式输送机计算主要为辊筒受力计算。根据初步粗略计算，辊筒暂定为尺寸为ϕ138mm × 6mm(直径 × 壁厚)的无缝钢管，长度 L 为 1.18m，轴头直径为35mm，材质为 Q235A，减速电机功率为 3kW，扭矩为1194N·m，转速为24rad/min，驱动链轮为 13 齿，随动链轮为 11 齿。图 7.11 为辊筒受力情况。

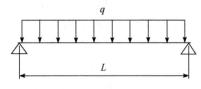

图 7.11　辊筒受力图

其中，辊筒自重$G_{辊筒自重} = 40\text{kg}$；托盘货物尺寸($W×D×H$)为1350mm × 2400mm ×1200mm，总重为 3000kg，由六根辊筒同时承担，因此单根辊筒所受力为$G_{单根辊筒} = 3000 / 6 + 40 = 540\text{kg}$。

1. 轴头分析

支座反力分别为 R_A、R_B，$R_A = R_B = \dfrac{qL}{2} = 2700\text{N}$；轴端切应力为 $\tau_{轴} = 2700 / (3.14 \times 0.0175^2) = 2.8\text{MPa} \ll [\tau]$，其中$[\tau] = 141\text{MPa}$，因此满足要求。

2. 筒体受力分析

筒体不仅要承受托盘的均匀压力，同时还要承受减速电机施加给它的扭矩 $M = 1194\text{N·m}$，该辊筒是弯扭组合的两轴应力状态。

筒体的抗弯系数为

$$W = \frac{\pi(D^4 - d^4)}{32D} = 0.001\text{m}^3$$

筒体长度 $L = 1.18\text{m}$，在自重和托盘货物的压力下，其最大弯矩为

$$M_{max} = \frac{ql^2}{8} = \frac{6372}{8} = 796.5 \text{N} \cdot \text{m}$$

$$\sigma = \frac{M_{max}}{W} = \frac{ql^2 \times 320}{8\pi(D^4 - d^4)} = \frac{796.5}{0.0001} = 7.97 \text{MPa}$$

$$\tau_{max} = \frac{M_t}{W_t} = 5.97 \text{MPa}$$

式中，M_t——扭矩；

　　W_t——抗扭截面系数。

根据第四强度理论 $\sigma_{IV} = \sqrt{\sigma^2 + 3\tau^2} = 26.49 \text{MPa} \leqslant [\sigma] = 235 \text{MPa}$，因此满足要求。

3. 功率计算

工作条件为 $V = 12 \text{m/min}$，由 $P_1 = F \times V + M \times a \times V = 33000 / 0.138 \times 0.05 \times 12 / 60 + 3300 \times 0.3 / 5 = 2589 \text{W}$，链传动效率为 0.96，可得减速电机实际功率为 $P = P_1 / 0.96 = 2697 \text{W}$，取电机功率 $P = 3 \text{kW}$。

输出转速 $R = 24 \text{rad/min}$，扭矩 $M = 1194 \text{N} \cdot \text{m}$，输送线速度为 $V = 3.14 \times 24 \times 138 \times 13 / 11 / 1000 = 12.3 \text{m/min}$，因此满足设计要求。

第8章 成品轮对下料工位

成品轮对下料工位要求不改变 RGV 的结构，即可实现将轮对转运至地轨的需求，解决从一个轨道到与其不平行轨道的输送，由轮对托盘与地面的高低差产生的冲击加速问题，以及气缸行程有限，对于实际运动行程距离加倍的问题。同时，成品轮对下料工位可实现自动化运输，有利于在轮对智能输送线中使用，能够满足企业对成品轮对由 RGV 上转运至地轨的要求。

8.1 成品轮对下料工位的结构图

成品轮对下料工位主要功能包括 RGV 自动将缓存工位上的成品轮对托盘自动输送到成品轮对下料工位，通过成品轮对下料工位的机构实现成品轮对自动弹出到地轨上。其具体结构包括电推缸、输送机、拨出机构、弹出机构、转轨机构、地面水平气缸等，如图 8.1 所示。

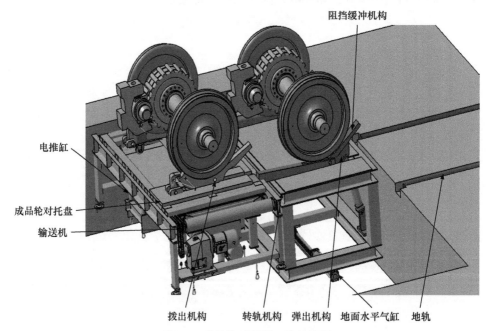

图 8.1 成品轮对下料工位结构图

8.2 成品轮对下料工位的三视图

成品轮对下料工位的三视图及三维轴测图如图 8.2 所示。

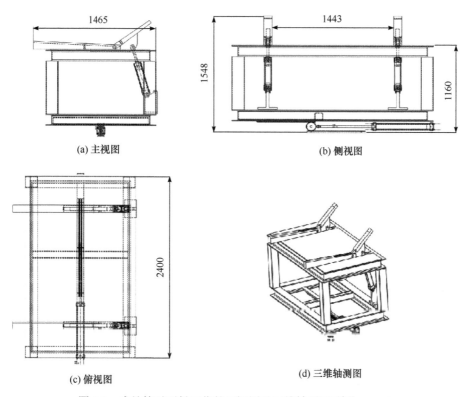

图 8.2 成品轮对下料工位的三视图及三维轴测图(单位:mm)

8.3 成品轮对下料工位的技术参数

成品轮对下料工位的技术参数如表 8.1 所示。

表 8.1 成品轮对下料工位的技术参数

序号	功能及参数	数据
1	能够完成 CRH3 动车轮对运输	—
2	能够完成 CRH5 动车轮对运输	—
3	能够完成 CRH3 拖车轮对运输	—

续表

序号	功能及参数	数据
4	能够完成 CRH5 拖车轮对运输	—
5	载荷	2t
6	走行速度	0.2m/s
7	拨出速度	0.1m/s
8	弹出速度	0.1m/s

8.4　成品轮对下料工位的结构配置

成品轮对下料工位的结构配置如表 8.2 所示。

表 8.2　成品轮对下料工位的结构配置

序号	配置	型号(尺寸)	数量
1	顶升移载($L \times W \times H$)	1800mm × 2600mm × 700mm	1 台
2	西门子 PLC CPU	6ES7314-6EH04-0AB0	1 个
3	西门子 PLC 输入模块	6ES7321-1BL00-0AA0	1 个
4	西门子 PLC 输出模块	6ES7322-1BL00-0AA0	1 个
5	西门子触摸屏	6AV2123-2GB03-0AX0	1 个
6	西克光电感应开关	GTB6-P1212	20 个
7	西克接近开关	GTB6-P1212	10 个
8	低压电气件、电缆、柜子等附件	—	1 套
9	气缸	SMC	3 个
10	电推缸	会通	2 个

8.5　成品轮对下料工位的工作过程

成品轮对下料工位的工作过程如下。

(1) 由 RGV 自动将压装机处成品轮对缓存工位上的成品轮对托盘自动输送到成品轮对下料工位。

(2) 在成品轮对托盘停稳后，往返+移载辊筒式输送机[33]下方的电推缸向上运动，推动位于成品轮对托盘中的拨出机构，拨出机构在受垂直载荷的情况下，将轮对拨出至转轨机构上。

(3) 轮对到达转轨机构中间时，阻挡缓冲机构使其停下，停下后，传感器发出定位信号，此时转轨机构下方水平气缸将该装置推送至与地轨对接处。

(4) 在传感器感应到与地轨对接成功后，向控制器发出信号，此时转轨机构上由气缸控制的弹出机构将轮对弹出至地轨。

(5) 在光电传感器[34]检测到轮对已弹出至地轨后，转轨机构自动复位。

(6) 转轨机构向立体库中央控制系统发出定位信号，此时成品轮对托盘横移至成品轮对下料工位的空托盘缓存工位。

8.6　成品轮对下料工位的相关分析计算

成品轮对下料工位原设计结构的受力分析如图 8.3 所示。

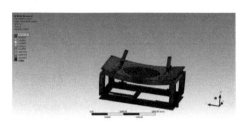

图 8.3　成品轮对下料工位原设计结构的受力分析

由有限元的分析与计算可知，在转轨机构的弹出机构上施加 20kN 的垂直载荷，此时两侧弹出机构变形量为 4.18mm；为增加两侧弹出机构的强度，在每侧增加 2 根 150mm × 100mm 的方钢管，如图 8.4 所示。

再次添加相同的约束及受力，可得到如图 8.5 所示的受力分析图。

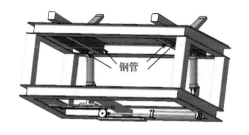

图 8.4　转轨机构

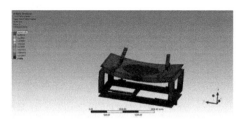

图 8.5　成品轮对下料工位设计结构增加强度后受力分析

变形量减少为 0.30mm，可见，通过增加 4 根方钢管，强度得到明显提升，因此验证了设计可行。

第9章 电气系统

9.1 总控制图

高铁轮对智能输送系统[35]主要采用 PLC 实现对配盘桁架机械手、堆垛机、RGV、二维码自动读取装置、输送机及成品轮对下料装置的控制。总控制系统组成和总控制程序流程分别如图 9.1 和图 9.2 所示。

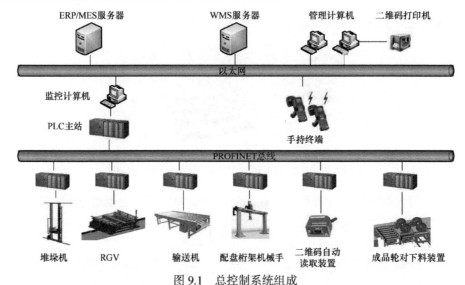

图 9.1　总控制系统组成

ERP 为企业资源计划；MES 为制造执行系统；WMS 为物流管理系统

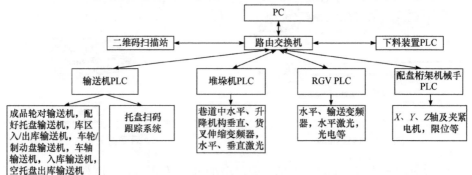

图 9.2　总控制程序流程

PC 为个人计算机

9.2 RGV 控制图

RGV 由走行电机通过驱动轴带动走行轮在轨道上做水平走行，由车体上的辊筒机将货物输送到相应的线体。

水平走行采用激光测距的方式控制 RGV 水平走行位置，车体上的辊筒机通过光电检测进行货物的输送；采用红外光通信方式[36]进行控制。

RGV 控制系统组成和 RGV 控制程序流程分别如图 9.3 和图 9.4 所示。

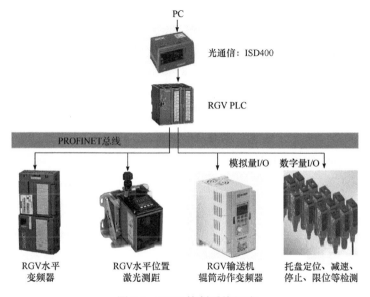

图 9.3 RGV 控制系统组成

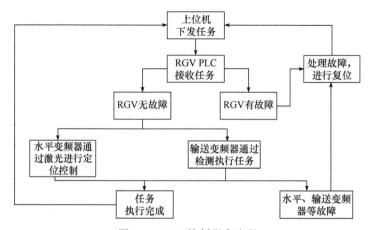

图 9.4 RGV 控制程序流程

9.3　输送机控制图

输送控制系统主要包括入库输送机、车轮/制动盘输送机、车轴输送机、库区入/出库输送机、成品轮对输送机、配好托盘输送机等控制部分。入库输送机是将托盘及零部件送到指定的堆垛机取货位置；车轮/制动盘输送机、车轴输送机是将堆垛机从库中取出的托盘及零部件送到桁架机械手指定的位置，以及将托盘和零部件送到 RGV 上；库区入/出库输送机是将托盘和零部件送到 RGV 及堆垛机指定的取货位置；成品轮对输送机及配好托盘输送机是将托盘及零部件送到轮对压装机的指定位置，并将配好盘的托盘及零部件送到 RGV 的取货位置。输送控制系统组成和输送线控制程序流程分别如图 9.5 和图 9.6 所示。

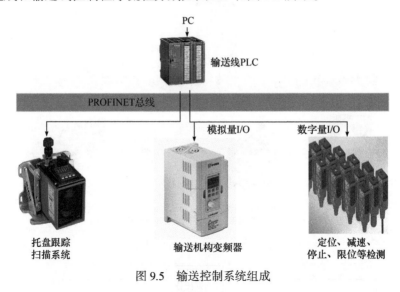

图 9.5　输送控制系统组成

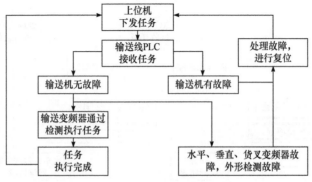

图 9.6　输送线控制程序流程

9.4 堆垛机控制图

堆垛机是轮对智能输送系统内运行频率最高的设备，直接涉及高铁轮对智能输送系统的可靠性和安全性。在可靠性、安全性与设计成本的矛盾选择上，需要将可靠性和安全性放在设计的第一位。

堆垛机由走行电机通过驱动轴带动水平运动齿轮箱在地轨上做水平走行，由提升电机通过钢丝绳带动载货台做垂直升降运动，载货台上的货叉做伸缩运动。通过上述三维运动可将指定货位的轮对托盘取出或将轮对托盘送入指定位置。

水平运动采用激光测距的方式控制堆垛机水平走行位置，垂直运动采用激光定位的方式控制堆垛机载货台升降位置。

通信采用红外光通信方式进行控制。该方法不仅可以在监控工作站对设备直接进行手动控制，还可以实现堆垛机上控制柜的手动控制和半自动控制。堆垛机控制系统组成和堆垛机控制程序流程分别如图 9.7 和图 9.8 所示。

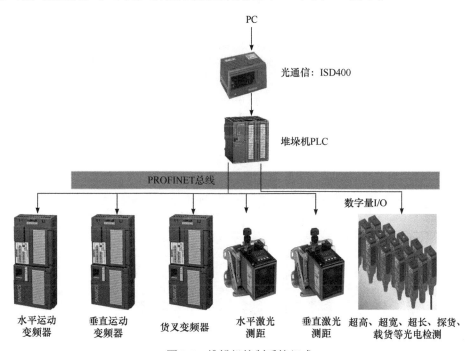

图 9.7 堆垛机控制系统组成

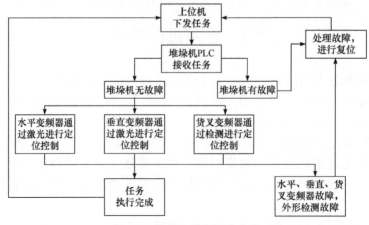

图 9.8　堆垛机控制程序流程

9.5　配盘桁架机械手控制图

配盘桁架机械手是轮对智能输送系统的关键部件，关乎车轮或制动盘选配动作是否成功完成。配盘桁架机械手通过 X 轴、Y 轴、Z 轴走行电机实现将末端执行器运行到输送线上的托盘上方，通过末端执行器的夹紧电机实现车轮或制动盘的取放。配盘桁架机械手控制系统组成和控制程序流程分别如图 9.9 和图 9.10 所示。

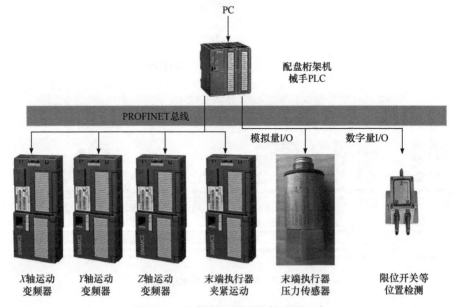

图 9.9　配盘桁架机械手控制系统组成

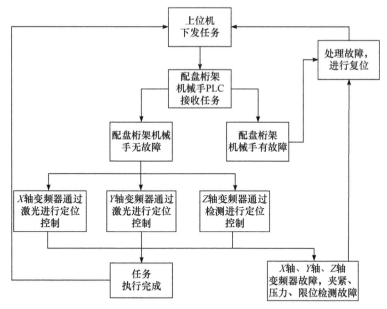

图 9.10　配盘桁架机械手控制程序流程

第 10 章　中央控制系统

10.1　计算机信息管理系统

10.1.1　系统框架

轮对零部件中央控制系统管理监控调度系统[37]，使轮对零部件立体库中的作业可以由计算机实现实时作业监控，显示设备作业状态、作业调度、作业变更、位置及完成情况、故障报警提示等。物流系统[38]运行过程中，可对货物与设备实时监视和自动控制，便于实施物流信息的存储、使用及传输等管理。

立体库的入/出库及货位管理采用计算机信息化管理，可以实现轮对货物入/出库信息管理自动化，数据维护、查询，以及库存分析、报表打印、质检管理等功能。

1. 系统简介

计算机信息管理系统是基于现代计算机信息管理理论与现代生产物流管理理论的软件产品。它同时对物流和信息流进行动态管理，集物流与信息流于一体。

计算机信息管理系统的主要功能是对入/出库的物流进行动态管理与调度，及时、准确地完成货物的入/出库，同时实现物流信息与物流的同步管理。计算机信息管理系统对入/出库作业进行最佳分配，其具有良好的扩充性和开放的数据接口，能够与其他信息系统进行数据交换。

集成化物流管理系统(WMS)[39]是一个基于 Windows.NET 运行环境、在网络环境下 C/S(client/server，客户端/服务器)模式的软件系统。其目的是集成地管理、协调和调度有关的物流活动，并且与 ERP 等软件系统进行信息交换，执行上层 WMS 软件系统下发的指令，并将执行结果及时反馈。

计算机信息管理系统如图 10.1 所示。

2. 结构特点

计算机信息管理系统的结构特点如下。

(1) 轮对零部件中央控制系统的监控与管理系统留有信息共享和信息实时交

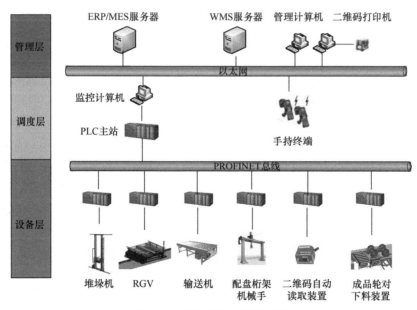

图 10.1　计算机信息管理系统

互的接口，可与 ERP、MES 等上级软件系统进行信息实时交互，也可独立作为计算机信息管理系统管理仓库信息。

(2) 选择先进实用的操作系统和大型数据库支持软件，支持分布式数据管理和多数据源间的访问连接。

(3) 计算机信息管理系统设计考虑长远发展，采用模块化设计，模块间相互独立并留有余地，考虑二次开发需要。

(4) 采用简洁、直观、友好的图形化中文界面，且风格统一。

(5) 具备相应的容错手段和故障报警功能。

(6) 计算机信息管理系统开放，接口统一，便于扩充和无缝连接，易于与上级管理系统联网。

(7) 计算机信息管理系统先进、稳定、安全、可靠，易于维护和管理。

(8) 网络综合布线全面，信息点布置合理。

(9) 计算机信息管理系统具有系统维护、零部件管理、数据维护、数据查询、设备运行状态显示、设备远程控制、自动事务处理以及与其他信息管理系统接口等功能。

(10) 计算机信息管理系统与上位机系统能够完成物流信息沟通，能接收上位机系统的入/出库单据，据此进行入/出库作业，并与上位机系统的基础数据保持一致。

(11) 计算机信息管理系统能完成入/出立体库的物流动态管理与调度，及时、准确地完成货物的入库和出库，同时实现物流信息与物流的同步管理，通过自动库存台账为用户提供准确的库存数据信息。

(12) 计算机信息管理系统对入/出库作业进行最佳分配、调度和控制，对入/出库输送设备、堆垛机等各种设备的运行状态进行动态显示及在线监控，确保系统安全可靠地运行。

(13) 计算机信息管理系统具备丰富的数据管理和查询统计功能，动态图形显示设备的运行状态、各存储区域的货位存储情况。

(14) 计算机信息管理系统具备友好的人机界面。

(15) 计算机信息管理系统采用模块化设计，具有良好的扩充性和开放的数据接口，能够与其他信息系统进行数据交换；支持客户终端站点数目的扩展；支持与 ERP 系统集成，支持手持终端的扩展；支持需方因特殊生产需要而提出的定制要求。

(16) 计算机信息管理系统采用成熟的软件技术开发，如 C#、.NET、SQL 等，全部为独立开发，具备自主知识产权，并已经过多个项目实际使用验证。

(17) 自动化立体仓库管理系统数据库采用网络数据库，WMS 作为客户端可以在网络中的任何一台计算机上运行，支持多点多人同时操作。

(18) 计算机信息管理系统具备先进的控制网络技术，采用现场工业以太网(Ethernet)技术，满足计算机与控制系统实时准确的信息交换，保证物流和信息流的实时、准确同步。

3. 系统组成

WMS 的基本模块及各个模块间的层次关系如图 10.2 所示。

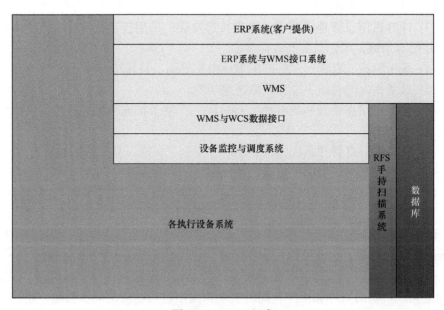

图 10.2　WMS 组成

RFS 为射频技术系统；WCS 为仓储控制系统

　　轮对零部件中央控制系统集成 WMS。轮对零部件中央控制系统管理系统是执行物流自动化信息管理[40]和自动化立体库设备实时调度控制及 PDA[41](personal digital assistant，个人数字助理)手持终端网络系统。

　　WMS 的内核层是服务器，由数据库软件、操作系统、分布式管理计算机等构成。企业内部网、ERP、MES 与 WMS 接口模块是实现 WMS 与 ERP 有效连接的中间桥梁。WMS 具有开放式连接的特点，可以与 ERP 系统实现无缝连接，具体的其与企业仓储物流信息软件接口方式在软件开发需求分析阶段确定。

　　WMS 模块是[42]WMS 的主要组成部分，其主要任务是将系统的各个功能与核心模块有机地集成，提供自动化立体库入库操作、整盘出库、拣选出库、库存管理、任务调度管理、故障处理、历史记录管理、人员管理、数据管理等仓库信息管理功能，WMS 是实现全自动化立体仓库信息管理的核心。

　　WCS-TSM(task scheduling management，任务调度管理)模块可实现自动化立体仓库的任务调度，是优化系统并及时满足生产的系统模块。该模块通过采用自动化立体仓库库存和设备状态，动态地调度系统任务。

　　WCS 模块[42]是执行物流系统管理与控制的通信模块，对各个设备进行全自动化的调度与协调。通过制定内部协议，连接管理系统与 PLC 控制系统。

　　轮对零部件中央控制系统的管理与监控调度系统对仓库中各个设备进行实时调度管理，以及对各个设备进行全自动控制。WMS 采用多进程的管理调度思想，完成管理与监控调度系统及各种物流设备的通信，物流进程根据上位机下发的作业指令进行排队，并根据作业的合理性安排下发顺序。

　　WMS-PDA 模块是集成仓库物流管理系统对移动信息终端的后台处理平台，包括 PDA 无线数据终端，PDA 采用无线通信终端与计算机网络进行数据交换。

　　在轮对零部件中央控制系统中，PDA 技术全面应用于入库收货、入库组盘、出库拣选、出库确认、仓库盘库、作业查询等方面。

　　WMS-WCS 模块可以集成物流监控和管理系统的控制过程。本系统采用工业以太网的通信网络，连接多个子系统，实现对各个子系统合理的设备调度。

　　综合查询模块可以提供各种接口及作业信息的查询功能。

　　系统作业辅助处理模块主要针对系统出现的异常情况进行人工处理。

10.1.2　系统信息

1. WMS 软件信息

软件结构可以描述 WMS 的基础与概念。WMS 是建立在标准基础平台之上的业主应用软件，WMS 提供覆盖业主要求的软件环境包括以下几种。

(1) 硬件系统：服务器。

(2) 操作系统：Windows Server 2012。

(3) 数据库服务器：Microsoft SQL Server 2008。

(4) 网络接口：Ethernet 1000　BASE-T。

2. 软件开发环境

软件开发环境具体如下。

(1) 客户机：Windows 7。

(2) 立体库：WMS 软件环境。

(3) 网络协议：TCP/IP(transmission control protocol/internet protocol，传输控制协议/因特网互联协议)、HTTP(hyper text transportation protocol，超文本传输协议)、FTP(file transfer protocol，文件传输协议)等。

(4) 网络接口：Ethernet 1000　BASE-T。

(5) 应用软件：WMS。

3. WMS 应用软件

WMS 应用软件及系统如下。

(1) INT(inter face 的简写，表示接口，一般是指网口)软件。

(2) WMS 管理软件。

(3) WCS 设备控制调度系统。

(4) PDA 无线手持应用系统。

10.1.3　系统硬件

1. 中央控制室

中央控制室设置在轮对零部件输送系统的收发管理室内，是轮对零部件输送系统的大脑和心脏。中央控制室设有高性能的数据服务器、入/出库管理计算机、调度监控计算机、网络交换机、不间断电源(uninterruptible power supply，UPS)、无线手持和打印设备。

(1) 中央控制室机柜：高性能的集群数据服务器、调度计算机网络交换机及调度系统全部安装在服务器机柜中，便于操作，并且中央控制室整洁有序。

(2) 高性能的数据服务器：为整个轮对零部件输送系统的数据可靠运行提供保障。网络服务器对整个网络系统进行合理规划与配置，并对整个网络系统进行安全控制。

(3) 入/出库管理计算机：对仓库的入/出库操作进行管理，并对库存数据进行管理和维护。

(4) 调度监控计算机：为了保证轮对零部件输送系统有效地运行，专门配备了一台高性能计算机作为调度计算机，合理调度轮对零部件输送系统中的设备完成入/出库作业，使系统更高效、更稳定、更安全地运行。

2. 系统的安全性保证

WMS 数据库中记录了轮对零部件输送系统中非常宝贵的大量信息，这些信息对轮对零部件输送系统的正常运行来说是必不可少的，只要部分数据丢失或损坏，就会给系统带来重大的损失。因此，数据的安全性是立体库必须考虑的因素。WMS 在以下几个方面采取措施，以保证数据的安全性。

1) 各功能模块的权限管理

各功能模块的权限管理具体内容如下。

(1) WMS 的权限分为用户组权限和用户权限，本系统在权限安全方面针对不同的用户设置不同级别的密码保护，同时针对用户组对不同的操作员分配不同的权限。

(2) 每个用户只分配一个用户名和一个密码，同时不同的用户对相应的操作按钮进行限制。

(3) 每个用户均属于一个特定的用户组。

(4) 若用户想在 WMS 的客户机上进行操作，则必须输入自己的用户名和密码等。

(5) 系统提供操作员的许可证，并记录每一用户的操作与数据库有关的活动日志。

2) UPS 功能

UPS 用于服务器的电源供给，可以保证系统的正常供电，从而保证服务器在断电的情形下正常工作，并且给每台工作站和相应的调度计算机配备相应的后备电源，以保证发生紧急断电情况时数据不会丢失。

3) 升级及扩展

WMS 提供充分的扩展空间，客户终端点的数目可以随意扩展，客户端计算机只需要安装 IE 浏览器即可，只受操作系统和数据库的限制。WMS 还可以提供远程支持，不受 Windows 版本的限制，只需将 IE 浏览器升级到 IE6 以上即可。

10.1.4　接口描述

1. 接口介绍

在轮对零部件输送系统中，WMS 作为一个独立的系统存在，可以独立执行自动化立体库的所有操作，首先保证在库房管理内部，信息流的管理是一个闭环运作系统。但在 WMS 中，其具有与 ERP、条码软件系统实施通信和无缝接口的功能。WMS 与 ERP 软件的模块之间形成有效的通信机制，以保证数据信息的一致性和完整性，具体的接口在系统开发时根据 ERP 软件需要的实际数据的基础信息而定。

在 ERP 软件接口系统正常运行后，轮对零部件中央控制系统中入库、出库、盘库、质检管理、基础信息管理、库存维护等相关操作都可以利用 ERP 软件来触发，并且可以下发出库计划和入库计划等。同时，WMS 将作业的执行结果返回到 ERP 软件系统中。

在 WMS 与 ERP、条码系统建立无缝对接后，WMS 根据条码系统实时更新产品品种批次信息，实现自动分拣和产品托盘的自动绑定，以保证库存产品的实时跟踪。

2. 接口技术[43,44]

1) 接口技术成熟

随着物流行业的迅速发展，上层系统(ERP 等)和 WMS 之间的接口需求增大，很多供应商进行了大量的实践和探索，这使得 WMS 与上层系统接口的技术更加成熟。

2) 支持与多种上层系统进行接口

WMS 是专用于仓库管理的继承化物流管理系统，它一般在应用中采用任务驱动模式，执行分拣、入库、出库、补货出库、盘库等作业，这使得 WMS 与多种 ERP 系统同时连接成为可能。

3) 数据库中间表接口方案

ERP 系统与 WMS 的集成方式通过指令表和反馈表来实现。当需要对库房进行入/出库操作时，由 ERP 系统发送指令到指令表，WMS 接口软件接收到指令后，经过处理发送给监控软件并执行相应的操作。操作完成后，将操作结果反馈到反馈表中。ERP 系统检索反馈表信息，进行入/出库账务确认。需要注意的是，若 ERP 开发模式决定不需要处理反馈数据，则可忽略反馈的结果。

具体的接口流程如图 10.3 所示。

3. 需求界定

WMS 具备和外部系统实现无缝连接的功能，其接口工作需要 WMS 与 ERP/MES 双方共同开发完成，详细的接口技术协议，需要 ERP/MES 与 ERP 技术人员沟通共同确定，并签订接口技术协议[45]。

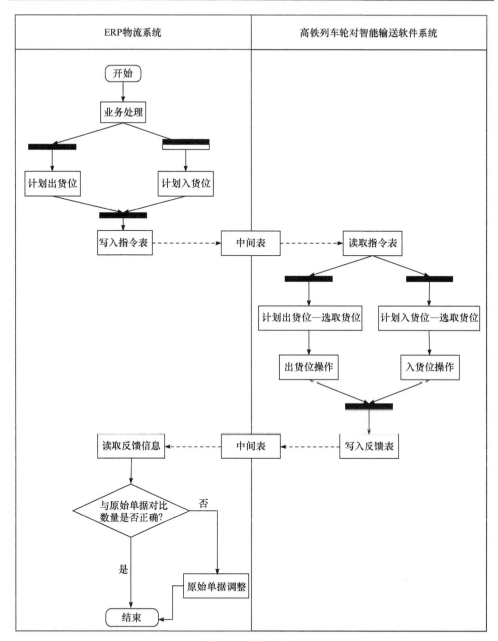

图 10.3 接口流程

10.1.5 WMS 功能描述

计算机应用系统 WMS 应以满足用户立体库的需要为前提，其实施前以提供的本文件为基础，WMS 设计思想如下。

　　整体管理系统采用三层架构模式，后台数据在服务器上运行，前台操作通过每台计算机上的客户端或手持终端上的客户端登录服务器 WMS 来完成仓库的入/出库等各个功能的管理。

　　由于入/出库手持终端采用 Windows CE 操作系统，当手持终端出现问题时，系统提供远程安装、自动升级的功能，立刻可以用新的手持终端来替换，不会影响立体库的正常作业。

　　WMS 具有对未来仓库业务变化的适应性。在系统能力满足运行稳定可靠的前提下，可以根据客户要求或具体的业务进行定制和扩展。

　　WMS 负责高层次的数据管理和信息处理，完成系统的高级管理工作，负责自动化立体仓库系统的货位管理、入/出库管理、日常品检、(系统的入/出库)策略管理、查询报表、库存分析、系统维护、故障分析等工作，实现与服务器和监控机的信息交互与作业指令下达，并可与 ERP/MES 及监控调度系统联网进行信息交换。WMS 主要由综合管理系统、监控调度系统、现场操作员终端(含无线射频(radio frequency，RF))、LED(light emitting diode，发光二极管)显示屏系统等组成。

　　WMS 软件由物流数据库、核心服务器、仓库管理软件、无线手持终端(PDA)管理模块和入/出库操作站模块等组成。软件模块模型如图 10.4 所示。

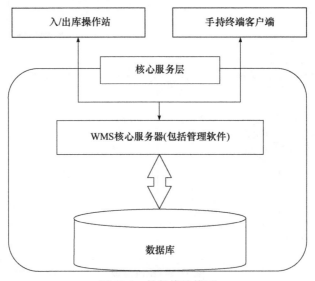

图 10.4　软件模块模型

1. 基础数据管理[46-49]

WMS 中系统维护的基础数据来源包括两部分:①继承 ERP 系统的基础数据，

以及电子条码等系统的零部件品种、零部件信息数据；②仓库管理员在 WMS 中输入相应系统维护的基础数据。

1) 零部件类别维护管理

系统零部件管理通过 WMS 实现对零部件类别的定义、添加、修改以及删除、维护等。

2) 零部件维护

通过对不同零部件类别下零部件信息的维护，实现对零部件基本信息的添加、修改和删除等。所维护的零部件基本信息大致包括零部件代码、零部件名称、零部件规格、计量单位、装盘数量(托盘容量)、存储上限、存储下限、装箱重量、装箱数量、存储有效期、系统报警日期、图像、零部件性质(固态、液态、易挥发性等)、备注等。在零部件定义中可以通过从上层系统下载零部件定义信息，以及从磁盘导入零部件基本信息，提高零部件维护的速度。

3) 零部件代码查询

输入零部件类别、零部件规格、零部件名称、条码等信息，以及单个或多个条件组合进行查询，可以将查询结果导出 Excel。

4) 存储区域管理

WMS 不仅支持仓库分区管理，还支持区域逻辑划分和定义。系统管理员根据实际需求设置不同的分区，并设置不同的分区颜色，以满足不同的存储需求。

存储区域划分完成后，系统管理员还可以对已划分的存储区域进行修改、删除等操作。

5) 巷道状态设置

通过 WMS 设置本巷道设备的禁用和解禁。

6) 货位状态设置

系统管理员可以对单个货位的状态进行设置，包括禁用、解禁以及问题货位等。货位状态统计操作步骤如下。

(1) 选择图 10.5 所示菜单栏中"货位查询"下的"货位状态统计"。

(2) 货位状态统计界面如图 10.6 所示。该界面显示统计出的立体仓库内各种状态的货位数量和百分比，并用饼状图显示。

7) 入库类型定义

为了实现多种入库业务，同时为了符合一些入库情况，自行定义了一种入库作业系统。针对该系统，入库类型可分为生产入库、返工入库、预拣选入库和其他入库等。

8) 出库类型定义

为了实现多种出库业务，同时为了符合一些实际场合的出库情况，自行定义了一种出库作业系统。针对该系统，出库类型可分为销售出库、返工出库、预拣选出库和其他出库等。

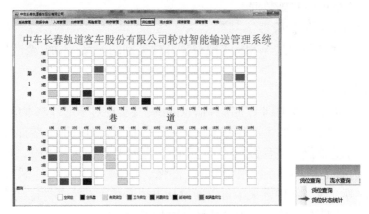

图 10.5　货位状态统计查询界面

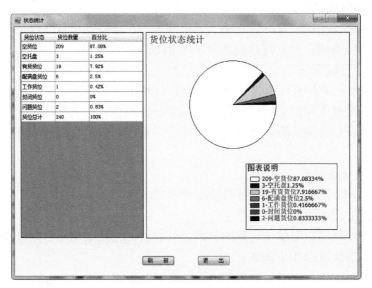

图 10.6　货位状态统计界面

9) 托盘管理

WMS 对托盘条码进行管理，并对托盘条码集中打印，可以单个条码打印，也可以批量条码打印。

10) 历史数据管理

WMS 支持对历史数据的查询功能。

2. 系统管理[46-49]

系统管理功能对系统运行的基础数据进行定义和维护，是保证系统能够正常运行的前提。

1) 户组管理

为了保证系统数据安全，系统设置了不同的用户组，不同的用户组拥有不同的授权。

2) 用户管理

针对每个用户组下用户建立、修改、删除、密码的设定及用户信息管理等。

3) 用户权限管理

可针对不同的用户组设置不同的操作权限，也可对同一用户组的用户设置不同的用户权限。

4) 修改密码

普通操作员只能修改自己的密码，系统管理员可以对所有的用户进行密码重置。

5) 超级管理员

WMS 支持超级管理员功能，超级管理员拥有系统的一切权限，以便对系统进行更好的维护。

6) 历史数据查询

通过系统对历史数据记录进行查询维护。

3. 日志管理

系统记录所有与数据库有关的操作，以便管理追踪查询。

1) 删除日志

删除日志是超级管理员对系统日志的维护功能。

2) 运行参数设置

运行参数设置由巷道状态设置、货位状态设置和入出库优化规则优先级设置等组成。系统管理员根据需要对系统运行参数进行调整。入/出库规则包括最短路径规则。

4. 入库管理

入库管理主要为用户提供手工录入轮对托盘和空托盘入库操作的管理功能，包括与 WMS 交换数据、对轮对入库信息进行采集、自动台账处理、向 WCS 下达作业命令等操作。系统提供针对订单进行预拣选入库的处理功能。

1) 二维码自动采集入库操作

在入库线上安装二维码自动采集装置，自动采集轮对二维码信息，并将信息与托盘条码信息绑定，生成入库任务。自动分配作业时，要根据轮对的状态和一定的入库原则自动分配入库地址，主要包括信息的录入，以及空托盘、轴信息、车轮信息和制动盘信息的录入。

2) 托盘入库

托盘入库操作步骤如下。

(1) 打开计算机进入 Windows 操作系统。

(2) 打开图 10.7 中箭头所指的打印机开关。

(3) 打开图 10.8 所示的二维码模板。

(4) 进入图 10.9 所示界面，双击二维码。

图 10.7　打印机开关

图 10.8　二维码模板

图 10.9　二维码界面

(5) 双击二维码后进入设置界面(图 10.10)，在箭头 1 处设置二维码格式，为 10 位数字，打印时为递增 1 模式。

(6) 单击图 10.11 中箭头所指的"打印"按钮。

图 10.10　设置界面

图 10.11　打印按钮

(7) 单击"打印"后出现图 10.12 所示界面，设置打印张数，单击"打印"按钮即可打印出二维码。

3) 入库区二维码信息录入

录入手持扫描枪 WMS 的二维码步骤如下。

(1) 按下扫描枪面板右下角按钮(图 10.13)，启动二维码扫描枪。

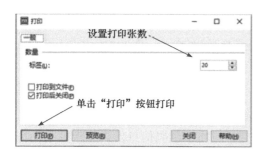

图 10.12 打印设置

图 10.13 扫描枪面板

(2) 使用扫描枪手柄内的触摸笔双击"WMS 的快捷方式"图标，登录手持扫描枪 WMS。

(3) 在图 10.14 所示界面上输入操作员编号和密码。

图 10.14 手持扫描枪 WMS 管理系统登录界面

4) 空托盘入库

空托盘入库步骤如下。

(1) 使用触摸单点击图 10.15 所示界面中的"空托盘入库"按钮。

(2) 使用扫描枪扫描托盘一侧的一维码，单击图 10.16 所示界面中的"生成作业"按钮。

(3) 按下图 10.17 所示的"托盘入库"按钮,将空托盘送至货架中。

图 10.15　手持系统界面　　　　图 10.16　空托盘入库界面　　　　图 10.17　托盘入库按钮

5) 轴信息录入

轴信息录入步骤如下。

(1) 单击图 10.15 所示界面中的"轴信息录入"按钮。

(2) 将二维码平整地贴在轴端;使用扫描枪将二维码信息录入编辑框中;将车轴纸质信息中的内容填入图 10.18 对应的编辑框内;填入完成后单击"添加"即可,此时图 10.18 所示界面下面的表格中会出现一条信息,可以重复添加多个轴信息;单击"生成作业",完成信息绑定。

6) 轮信息录入

车轮信息录入步骤如下。

(1) 单击图 10.15 所示界面中的"轮信息录入"按钮。

(2) 将二维码贴在车轮正上方(避免贴在车轮滚动圆检测基准上);使用扫描枪将二维码信息录入编辑框中;将车轮纸质信息中的内容填入图 10.19 对应的编辑框内;填入完成后单击"添加"即可,此时图 10.19 所示界面下面的表格中会出现一条信息,可以重复添加多个车轮信息;单击"生成作业",完成信息绑定。

7) 制动盘信息录入

制动盘信息录入步骤如下。

(1) 单击图 10.15 所示界面中的"制动盘录入"按钮。

(2) 将二维码贴在制动盘完整曲面的正上方;使用扫描枪将二维码信息录入编辑框中;将车轮纸质信息中的内容填入图 10.20 对应的编辑框内;填入完成后

图 10.18 轴录入信息界面

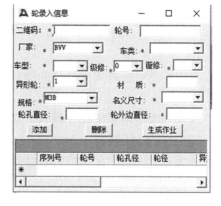

图 10.19 轮录入信息界面

单击"添加"即可，此时图 10.20 所示界面下面的表格中会出现一条信息，可以重复添加多个制动盘信息；单击"生成作业"，完成信息绑定。

8) 补录

若信息未录入完毕，则可进行补录，补录信息录入步骤如下。

(1) 单击图 10.15 所示界面中的"补录"按钮。

(2) 针对车轮和制动盘：① 若托盘退回到第一号辊筒机，光标点至托盘条码编辑框，使用扫描枪扫描托盘条码；②光标点至二维码编辑框，将十字激光线对准二维码进行采集；③下拉菜单"托盘位置"(图 10.21)，选择有货的托盘位置编号；④单击"添加"，下方表格会显示一行已填好的信息；⑤单击"生成"将信息填入数据库；⑥按下"托盘入库"按钮，重新入库。

针对轴类托盘：①叉车将轴类托盘送至 1 号检测位；②使用扫描枪对除轴以外的其他位置进行补录操作；③单击"托盘入库"，将托盘送至货架中。

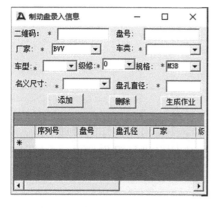

图 10.20 制动盘录入信息界面

图 10.21 入库管理界面

9) 退出系统

(1) 当设备空闲时，单击图 10.15 中的"退出系统"，并将其插入充电底座中。

10) 入库汇总

入库汇总对所有入库产品的信息进行汇总。

11) 其他入库

其他入库是由系统操作员自定义的入库类型。

12) 入库统计报表

系统对当天入库记录进行统计并打印。

13) 入库流程

入库流程如图 10.22 所示。

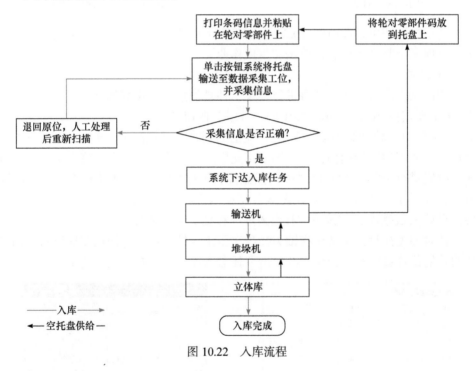

图 10.22　入库流程

5. 出库管理

出库管理主要为用户提供原料/产品出库和空托盘出库操作的管理功能，包括与企业各种上位系统交换数据、对原料/产品出库信息进行采集、自动台账处理、向 WCS 下达作业命令等操作。系统提供针对订单进行预拣选出库的处理功能。

1) ERP 出库计划管理

上位 ERP 系统[50]根据需要下达出库计划，并通过接口系统为 WMS[51]所接收，计算机控制中心的操作人员在操作计算机上进行出库确认。

WMS 的一切出库业务都来自出库计划。出库计划可来自上位系统下载、手工录入、磁盘导入出库计划等,并且可以通过票据打印机打印出库计划。

2) 轮对出库操作

在录入生产计划时,根据生产计划选择配好的轮对托盘,下达出库任务,将托盘送至压装线对接输送机中。

WMS 按照一定的出库原则(先进先出、按批号出库以及指定出库等),启动巷道堆垛机和入/出库输送机系统协调作业,将所需托盘货物输送到需要的出库口处,显示屏显示出库货物信息。先进先出原则即入库日期最早的器材先出库。

3) 配盘管理

根据设置的生产计划,准备生产用的配好的托盘轮对。通过桁架机械手自动抓取动车车轮、拖车车轮、制动盘进行各个托盘的配盘。配盘流程如图 10.23 所示。

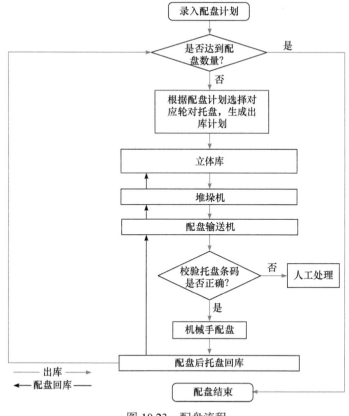

图 10.23　配盘流程

4) 配盘计划

配盘计划操作步骤如下。

(1) 选择图 10.24 所示菜单栏中"配盘管理"下的"配盘计划"。

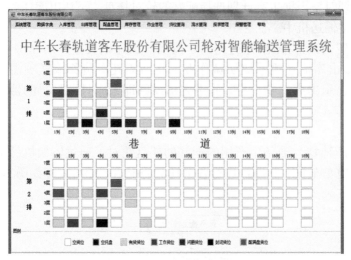

图 10.24　配盘管理界面

(2) 配盘计划界面如图 10.25 所示。在此界面可以查询配盘计划的状态，修改已经生成的计划主表的目的站台。单击"查询"按钮，查询到的信息显示在图 10.25 的两张表中。其中，上面的表是计划主表，下面的表是配盘明细表，单击主表内容中所在行，可以显示此主表的配盘明细表。单击"手工录入"按钮，弹出配盘计划窗口，可做配盘计划。如果已经做好计划，但没有生成配盘作业，即配盘状

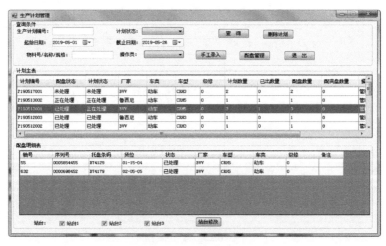

图 10.25　配盘计划界面

态为未处理、计划状态为未处理，则可以先单击"配盘管理"按钮，选择需要配
盘的计划所在行，然后单击"配盘管理"按钮，生成配盘作业。若需要更改站台
位置(站台指的是压装机的位置，共三个位置，只有计划状态不是"已处理"才可
以更改站台)，则选择需要配盘的计划站台所在行，在最下方会显示当前选择的站
台，选择的站台会在站台对应位置前的复选框内打对号，对于需要更改的站台，
在对应的站台位置单击"复选框"将对号去除或增加，去除对号表示去除此压装
机目的站台，增加对号表示增加此压装机目的站台。

5) 手工录入配盘计划

手工录入配盘计划操作步骤如下。

(1) 选择图 10.26 所示菜单中的"手工录入"按钮。

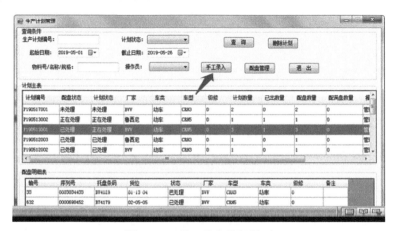

图 10.26　手工录入按钮界面

(2) 载物出库界面如图 10.27 所示。该界面与空托盘入库操作方式相似，详细
信息显示的是库内有货的库存，只有在异常的情况下需要使用此功能，正常情况
下不需要使用此功能。

(3) 在第一行中，选择要配盘的厂家、车型、车类以及级修；单击"配满盘
入库数"前面的按钮(配盘测试按钮)，若库内有满足条件的轴，则配满盘入库数、
当前未配盘轴库存、最大可配盘数量会显示对应的数量，配满盘入库数是指入库
就已经配好的托盘，最大可配盘数量表示根据选择的配盘条件，当前最大可以配
盘的数量；根据实际需要填写配盘数量与计划数量，配盘数量不能大于最大可配
盘数量，配盘数量也不能大于计划数量，若需要将库内满足条件的轴全部配盘，
则可以选择全部复选框，系统会自动将配盘数量与计划数量填入，根据计划选择
轮对站台位置，默认是所有的轮对站台；单击"添加"按钮，在图 10.28 所示的
下面列表中生成配盘计划临时表，双击下面列表内容所在行，可以对数据进行修

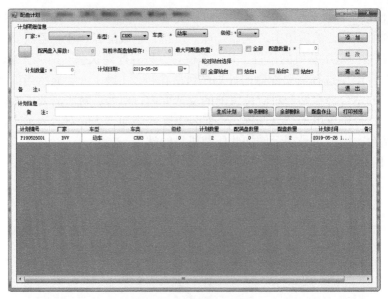

图 10.27 载物出库界面

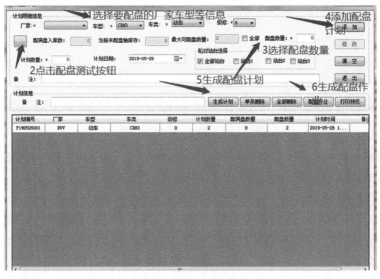

图 10.28 计划明细信息界面

改，修改完成后单击"修改"按钮，若需要删除信息，则需要先选中要删除的信息所在行，然后单击"删除"按钮；单击"生成计划"按钮，已添加的信息即可成为配盘计划；若需要执行配盘作业，则单击"配盘作业"按钮，就会执行配盘作业，系统会进行配盘。

6) 配盘异常设置

配盘异常设置操作步骤如下。

(1) 选择图 10.29 所示菜单栏中的"配盘管理"下的"配盘异常设置"。

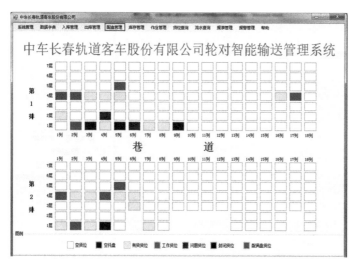

图 10.29 配盘异常设置选择界面

(2) 配盘异常设置界面如图 10.30 所示。此界面可设置配盘出现问题的处理方式。

图 10.30 配盘异常设置界面

7) 配盘输送线状态设置

选择图 10.31 所示菜单栏中的"配盘管理"下的"配盘输送线状态设置"。

此功能主要针对输送线出现故障不能使用的情况。若输送线故障不能使用，则选中图 10.32 中"不可用"按钮，在下配盘任务时会自动屏蔽这条输送线，待输送线修好后再修改为可用状态。

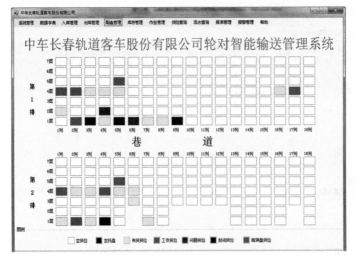

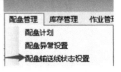

图 10.31　配盘输送线状态设置界面

图 10.32　设置配盘输送线状态界面

8) 配盘信息的管理

(1) 轴信息管理与录入。

　　轴信息管理：可以根据厂家、车类、车型、级修、操作员、起始日期、截止日期来查询轴的信息，默认起始日期与截止日期为当天日期，起始日期、截止日期为必选项，单击图 10.33 所示界面中的"查询"按钮，查询到的轴信息在图 10.34下面的列表中显示，可以选择一个或多个条件进行查询，单击"退出"按钮，关闭该窗口，单击"手工录入"可以录入轴的信息。

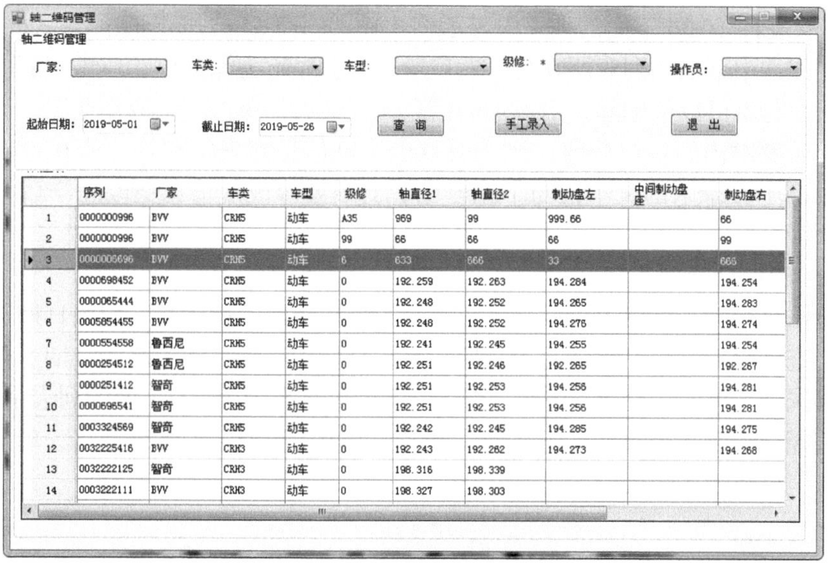

图 10.33　轴信息管理界面

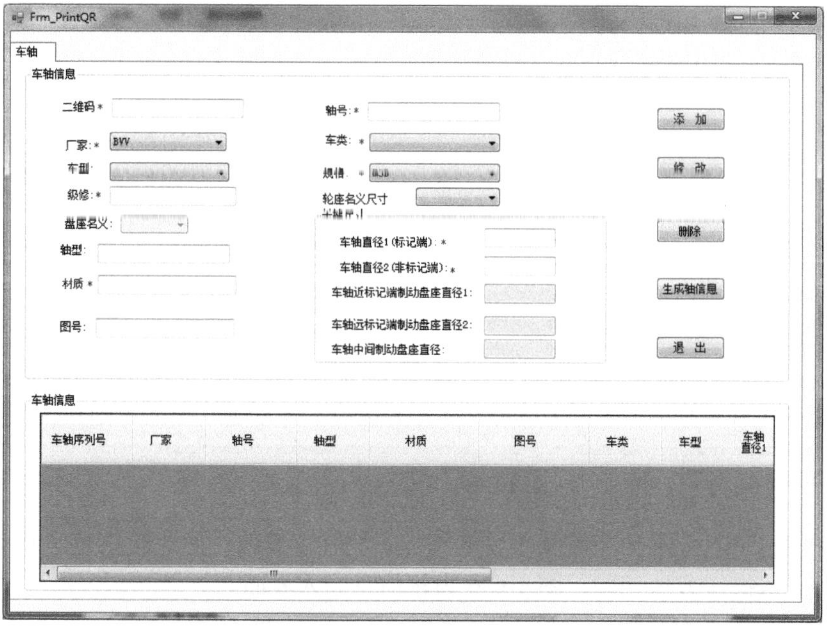

图 10.34　轴信息录入界面

　　轴信息录入：本功能可实现轴信息的添加与删除，生成轴信息，"二维码"是指贴在轴上的二维码标签，其中带"*"的为必填内容，将需要填写的内容按规定全部填入，其中文本框为灰色的，不需要填写。全部填写完成后单击"添加"

按钮，会在图 10.34 下面的列表中显示刚才输入的信息，若要删除刚录入的信息，则需要先选中下面的列表所在行，然后所在行会显示为深蓝色，单击"删除"按钮，所在行就可以被删除，对添加的信息无疑义后，单击"生成作业"，生成轴信息。若要对内容进行修改，则需要双击车轴信息列表所在行，所在行的信息会显示在上方录入的文本框与下拉框中，对需要修改的信息更改完毕后，单击"修改"按钮。

(2) 轮信息管理与录入。

轮信息管理：可以根据厂家、车类、车型、级修、操作员、起始日期、截止日期来查询轮的信息，默认起始日期与截止日期为当天日期，起始日期、截止日期为必选项，单击"查询"按钮，查询到的轮信息在图 10.35 下面的列表中显示，可以选择一个或多个条件进行查询，单击"退出"按钮，关闭该窗口，单击"手工录入"可以录入轮的信息。

图 10.35　轮信息管理界面

轮信息录入：本功能可实现轮的添加、删除、修改，生成轮信息。其操作与轴信息录入操作方法相同。图 10.36 为轮信息录入界面。

(3) 制动盘信息管理与录入。

制动盘信息管理：可以根据厂家、车类、车型、级修、操作员、起始日期、截止日期来查询制动盘的信息，默认起始日期与截止日期为当天日期，起始日期、截止日期为必选项，单击"查询"按钮，查询到的制动盘信息在图 10.37 下

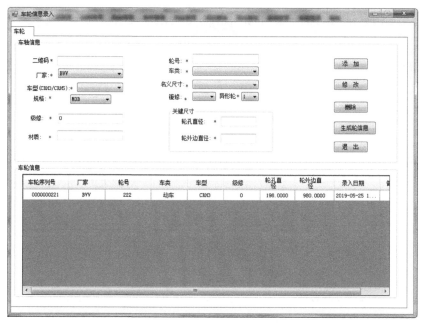

图 10.36　轮信息录入界面

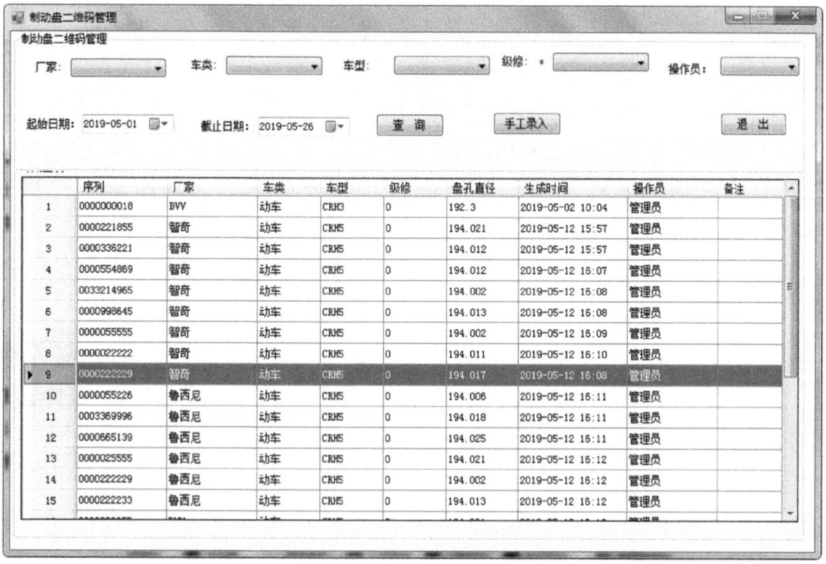

图 10.37　制动盘信息管理界面

面的列表中显示，可以选择一个或多个条件进行查询，单击"退出"按钮，关闭该窗口，单击"手工录入"可以录入制动盘的信息。

　　制动盘信息录入：本功能可实现制动盘的添加、删除、修改，生成轮信息。

其操作与轴信息录入操作方法相同。图 10.38 为制动盘信息录入界面。

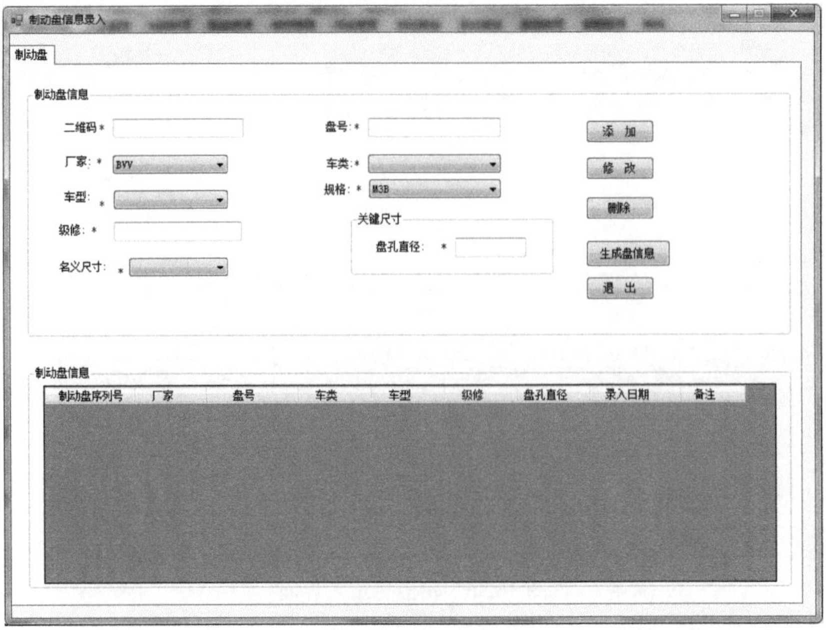

图 10.38　制动盘信息录入界面

6. 倒库管理

倒库管理实现将车轮托盘中只剩下 1/2 个车轮的托盘自动导到其他相对满的车轮托盘中。自动倒库控制功能可以提高立体库存储空间利用率，具体流程如图 10.39 所示。

7. 库存管理

库存管理主要是对库存中的产品数据信息进行维护和管理，包括盘库管理(定期盘库、盘库单生成与打印、盘库信息回填与打印、问题货位盘库、盘库改账等)、抽检管理(抽检出库、抽检入库、产品状态转换)等功能。

1) 定期盘库

定期盘库主要是指月末整库盘库及年终整库盘库，可以生成盘库单，并打印盘库单，根据盘库单生成盘库作业，等托盘下架出库到出库口后，人工进行货物盘库，盘库完成后托盘返回原位存放，并且可以对账务和实物不符的零部件进行调账。盘库流水查询操作步骤如下。

(1) 选择图 10.40 所示菜单栏中的"流水查询"下的"盘库流水查询"。

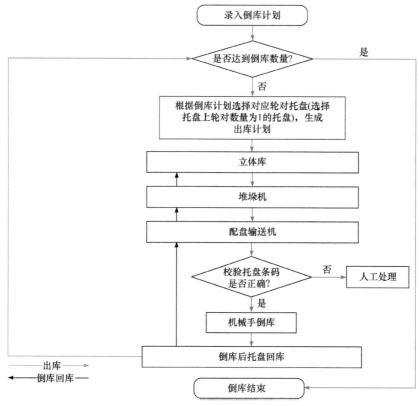

图 10.39　倒库流程

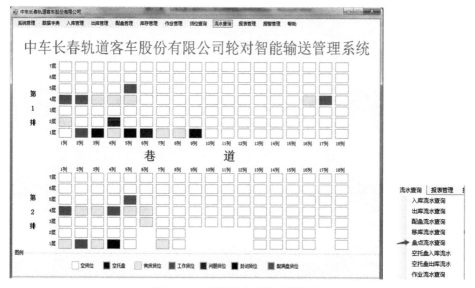

图 10.40　盘库流水查询选择界面

(2) 盘库流水查询界面如图 10.41 所示。此页面的功能主要是查询已经完成的盘库流水记录。该界面上方是查询条件，可以选择某个或其中几个组合查询；查询出的数据显示在图 10.41 下方的表格内；选择导出文件的格式后，单击"导出"按钮，即可将查出的数据导出；单击"打印预览"按钮可以预览要打印的数据。

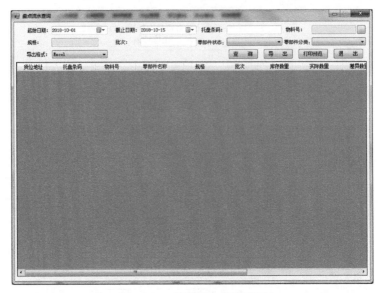

图 10.41　盘库流水查询界面

盘库界面如图 10.42 所示。

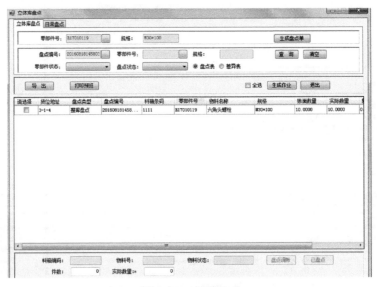

图 10.42　盘库界面

2) 问题货位盘库

在入/出库过程中遇到取货无盘、存货有盘等现象的货位进行盘库。

3) 日常盘库

日常盘库只根据用户日常需要进行。

4) 盘库信息回填与打印

盘库信息回填是指定期盘库的产品全部盘库结束后，将盘库信息上报给上级企业仓储物流信息系统(ERP 等)。

5) 盘库改账

当库存数量与实际数量不同时，可以修改库存数量，以保证库存数据的正确性。

8. 库存报警提示

库存报警查询操作步骤如下。

(1) 选择图 10.43 所示菜单栏中的"报警管理"下的"零部件报警查询"。

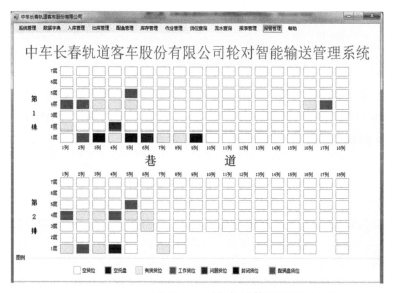

图 10.43　零部件报警查询选择界面

(2) 零部件报警查询界面如图 10.44 所示。该页面的功能主要是查询零部件报警信息。该界面上方是查询条件，可以选择一个或其中几个组合查询；查询出的数据显示在图 10.44 下方的表格内；选择导出文件的格式后，单击"导出"按钮，即可将查出的数据导出；单击"打印预览"按钮，可以预览要打印的数据。

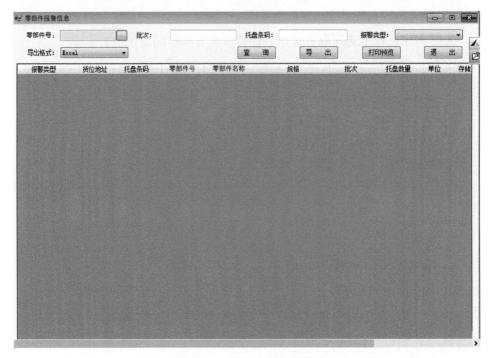

图 10.44　零部件报警查询界面

目前立体库产品大于预警天数的零部件，通过对话框提示报警。对每一种入库的产品(尤其是原材料和辅料)设置最大量和最小量库存，并生成相应的报表，同时对超过最大量和最小量的产品进行超限和低限报警。

9. 查询统计

查询统计部分包括库存查询、货位查询、作业流水查询、作业队列查询、入/出库操作流水查询以及入/出库计划查询等几项功能。所有的查询统计报表均可导出 Excel。

1) 总库存统计

对现有库内所有的产品按照零部件号、零部件状态、零部件分类、批次等进行汇总(可导出 Excel 及打印)。库存明细界面如图 10.45 所示。

库存明细表的功能主要是统计每种零部件号所对应零部件的库存数量。该界面上方是查询条件，可以选择某一个或其中几个组合查询，查询出的数据显示在下方表格内，选择导出文件的格式后，单击"导出"按钮，即可将查出的数据导出。单击"打印预览"按钮，可以预览要打印的数据。

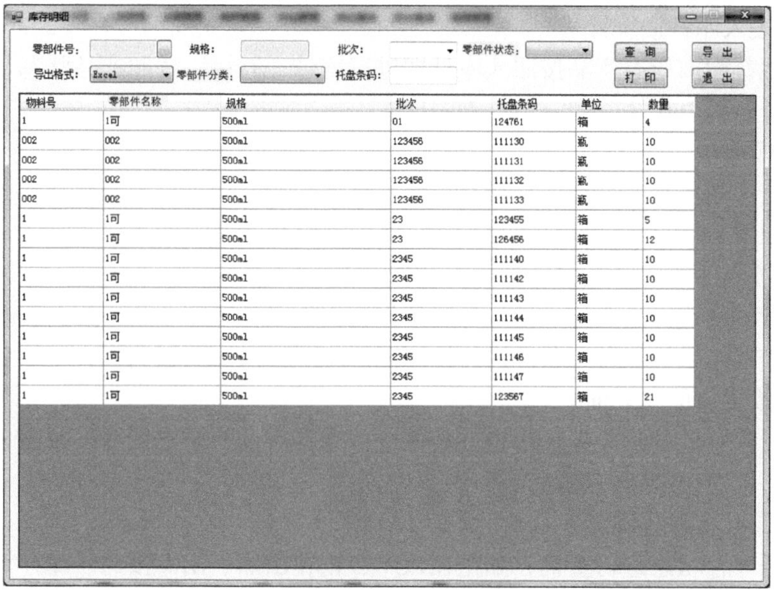

图 10.45　库存明细界面

　　货架明细表的功能主要是统计货架内的零部件及货位信息。该界面上方是查询条件，可以选择某一个或其中几个组合查询，查询出的数据显示在下方的表格内，选择导出文件的格式后，单击"导出"按钮，即可将查出的数据导出。单击"打印预览"按钮，可以预览要打印的数据。货架明细界面如图 10.46 所示。

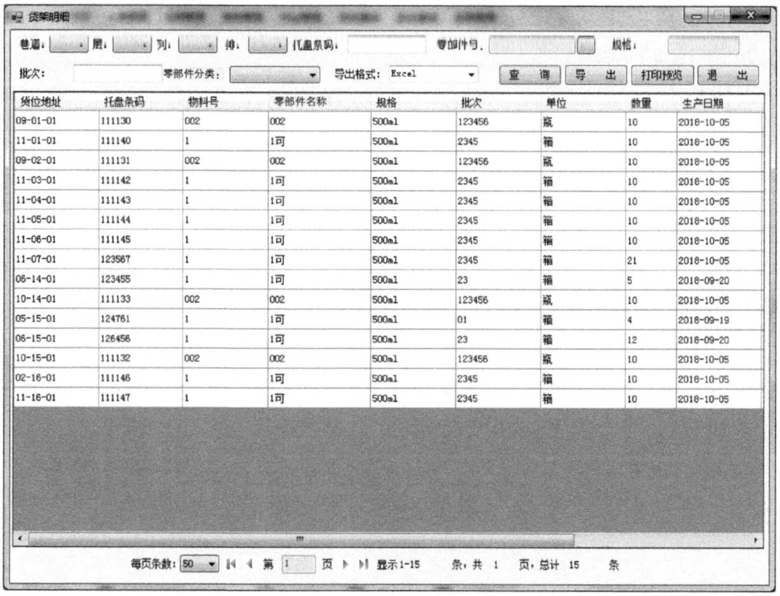

图 10.46　货架明细界面

2) 按入库日期统计

对现有库内所有产品按照入库日期进行统计,并可以按照产品状态、类别、批号等进行汇总排序(导出 Excel 及打印)。

3) 库存产品统计

对仓库内所有产品或单一产品按照零部件编码、批号、零部件状态等进行汇总(可导出 Excel 及打印)。

4) 按零部件信息查询

以货物的代码、名称、批号等属性作为查询条件进行单条件查询和多条件查询,对查询结果按照各个条件进行排序汇总(可导出 Excel 及打印)。

5) 按货位信息查询

以货物存放的货位地址为查询条件进行库存查询,对查询结果按照各个条件进行排序汇总(可导出 Excel 及打印)。

6) 库存状态查询

按照库存状态进行查询,如正在入库、正在出库、出库预约、库存等。

7) 入库操作流水查询

按时间段、零部件代码、产品批号单条件及多条件等查询入库信息(零部件信息、入库数量、货位地址、入库时间等,可导出 Excel 及打印)。

8) 出库操作流水查询

按时间段、零部件代码、产品批号单条件及多条件等查询出库信息(零部件信息、出库数量、货位地址、出库时间等,可导出 Excel 及打印)。空托盘出库流水查询界面如图 10.47 所示。

空托盘出库流水查询界面的功能主要是查询空托盘出库流水记录。该界面上方是查询条件,可输入起止日期查询,也可输入起止日期与托盘编码组合查询,查询出的数据显示在下方的表格内。

9) 盘库操作流水查询

按时间段、零部件代码单条件及多条件等查询盘库信息(零部件信息、货位地址、盘库时间等,可导出 Excel 及打印)。

10) 盘库操作流水查询

按时间段、零部件代码单条件及多条件等查询盘库信息(零部件信息、货位地址、抽检时间等,可导出 Excel 及打印)。

11) 空货位查询

按巷道、层、列、排单条件及多条件等查询库内空货位。

图 10.47　空托盘出库流水查询界面

12) 问题货位查询

按巷道、层、列、排单条件及多条件等查询库内问题货位。

13) 货位状态统计

查询库内各种货位(空托盘、有货货位、配满盘货位、工作货位)的总数量及占全部货位的比例情况，并用图表显示，如图 10.48 所示。

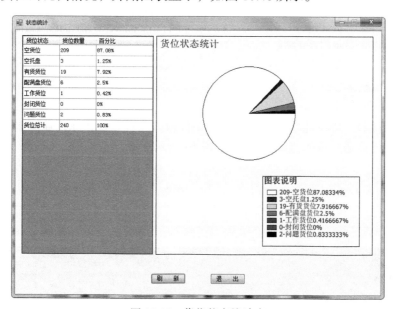

图 10.48　货位状态统计表

14) 入库作业流水查询

按照日期、货位的起始地址和目的地址等查询条件单条件或多条件查询入库作业流水信息，包括作业执行状态。入库作业流水查询界面如图 10.49 所示。

图 10.49　入库作业流水查询界面

15) 出库作业流水查询

按照日期、货位地址等查询条件单条件或多条件查询出库作业流水信息，包括作业执行状态。

16) 盘库作业查询

按照日期、货位地址等查询条件单条件或多条件查询盘库作业流水信息，包括作业执行状态。盘库查询界面如图 10.50 所示。

图 10.50　盘库查询界面

17) 报表查询

报表查询功能可以查询日报表、月报表、年报表，并导出 Excel 及打印。报表查询界面如图 10.51 所示。

图 10.51　报表查询界面

10. 作业管理

作业管理[52]可以对系统所生成的作业进行管理，包括当前作业的执行状态(待执行、正在执行)查看、作业的优先级控制、手动作业控制、作业执行状态的实时显示等，还可以按照多种状态实时显示作业执行情况，通过每条作业记录查看每条作业的详细信息(产品出库、入库的详细信息)。

1) 作业执行状态

对当前所有作业进行管理，实时下发给相应的设备，同时可以实时查看相应的作业执行状态(待执行、正在执行、已完成)。作业执行状态界面如图 10.52 所示。

2) 作业手动控制

可以手动控制作业的完成状态，正执行可以转换成执行成功，但不可转换成未执行、待执行，可将待执行的作业废弃。

3) 作业的优先级控制

设备作业的优先级包括紧急、优先、普通三种，可以根据实际工况选择相应的作业优先级。

4) 产品作业信息的实时显示

通过单击相应的作业，可以查看此条作业的详细产品信息。

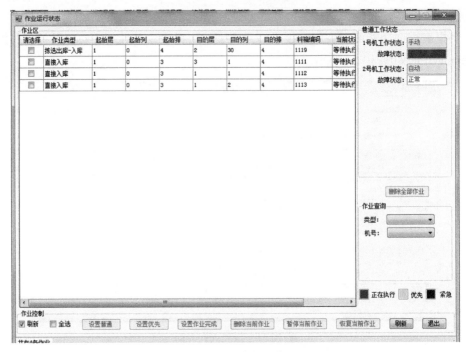

图 10.52　作业执行状态界面

5) 设备负荷分析

作业队列中所有作业，可以判断哪条作业是当前设备作业，并分析当前设备的任务负荷程度。

6) 作业队列查询

可以通过选择设备号、作业类型、执行状态等信息，筛选出相应的作业队列。

7) 设备故障管理

在设备执行过程中，当设备设置手动操作或设备遇到故障时，系统可进行相应的提示，通过人工判断选择是将作业设置完成还是删除此作业。

11. 抽检管理

品质检验按照日常入库计划及品检规则，生成相应的抽检作业；品质检验完毕后在系统界面操作定义货品合格状态，在库存系统显示，不合格即报警；抽检出不合格货物回车间减库存或者不回车间直接入库到仓库内异常显示。该模块支持与 ERP、MES 的接口处理。

1) 取样操作管理界面

先从库存中查找要抽检的零部件，零部件状态须是待检，选择不为空的项目，单击"查询库存"按钮，相应的信息就显示在下面的表格栏中。在最下方输入要取样的数量(不能为空),单击"生成取样单"按钮,再选择表框中的信息,单击"登记取样信息"按钮后取样完成。

2) 生成取样单

成功生成取样单后,在生成取样界面中,可查询没有生成的作业单,选择需要抽检的取样单,单击"生成作业"按钮,即可完成抽检出库作业及抽检完成后的入库作业。

3) 下发检验结果

完成抽检后,根据抽检结果反馈信息,选择合格与否,单击"下发结果"按钮,表示抽检过程完成。

10.1.6 监控调度系统描述

监控调度系统完成物流作业指令的分解、排队和下达,命令执行情况的监视,命令执行结果的数据上传及结果处理,设备的状态识别及处理,动画仿制和故障查询等功能。

监控调度系统的位置处于 WMS 与 PLC 系统之间,是自动化立体仓库系统与信息系统的桥梁。其通过以太网与 WMS 连接,作为网络系统的一部分,通过工业以太网与现场设备连接,完成整个系统的信息沟通。

1. 监控调度系统功能

根据计算机信息管理系统自动分配好的作业地址信息,按运行时间最短、作业间合理分配等原则对作业顺序进行优化组合排定,经数据处理后向堆垛机、输送机等主要机电设备的控制器分发作业命令。系统接收实时控制器的信息反馈,并对主要设备的运行位置、作业状态、货位占位情况、托盘载物情况和运行故障等信息物流状态进行实时动态仿真显示。

高铁轮对智能输送系统的监控调度系统是实现仓储作业自动化、智能化的核心系统,它负责管理调度仓储物流信息系统的作业队列,并将作业队列解析为自动化仓储设备的指令队列,根据设备的运行状况指挥协调设备的运行,完成入/出库作业的操作和控制。同时,监控调度系统以动态仿真人机交互界面监控自动化仓储设备的运行状况。

监控调度系统包括设备运行状态显示、设备远程控制、自动事务处理,以及与其他信息管理系统接口等功能。

(1) 监控方式为与管理机在线联机监控、离线单独监控。

(2) 监控机手动控制堆垛机、入/出库输送机运行。

(3) 接收管理系统入/出库处理程序下达入/出库任务。

(4) 将入/出库任务优化组合,分解成执行设备动作指令下达给执行设备。

(5) 实时接收控制系统的信息反馈。

(6) 设备运行故障报警并处理。

(7) 系统运行管理(日志管理和控制方式设定)。

(8) 以图形方式直观显示货架货位占用情况(用不同颜色来区分)及系统内某一设备的状态信息。

2. 设备运行状态显示功能

设备运行状态显示功能可以使管理员随时对系统的运行状态有明确、清晰的了解，各显示界面之间可以方便地进行切换。

堆垛机运行状态显示以图表方式显示单台堆垛机的水平/垂直运行状态和负载状态，以表格方式显示堆垛机作业数据、作业状态等信息。

堆垛机检测点状态显示以图表方式从不同方向分别显示堆垛机上所有检测点的状态。

堆垛机运行参数显示以表格方式显示堆垛机运行参数。

入/出库输送机运行状态显示以图表方式显示输送机的负载状态，以表格方式显示输送机作业数据、作业状态等信息。

输送机检测点状态显示以图表方式从不同方向分别显示输送机上所有检测点的状态。

3. 设备远程控制功能

在设备自动运行出现问题或必要(如设备维修)时，可以在监控工作站对设备直接进行手动控制，作为故障处理和应急入/出库的手段。同时可以通过调度系统完成设备的故障复位等功能。

4. 调度系统事务处理类功能

在界面上不可见的事务处理功能为系统自动、正常、高效、安全运行提供保证，是系统中最重要的功能。

设备通信管理：实时采集设备运行状态数据，为设备运行状态实时显示、自动作业调度和作业处理提供数据依据，向控制设备发送自动、手动作业指令数据。

自动作业调度：根据系统作业任务和设备运行状态，自动对作业任务进行智能化调度，遵循先出库后入库、入/出库作业复合执行等调度原则，使系统高效率运行，并实现空托盘垛的出库自动调度。

自动台账管理：根据入/出库数据按入/出库原则自动生成系统的入/出库作业，并在作业执行完成时自动实时进行台账维护，保证台账数据的准确性。

与外部系统的数据接口：提供开放的数据连接方式，向外部系统提供数据。

5. 设备运行参数设置功能

客户可以根据实际需要输入相应的作业参数，设备会根据输入的作业参数计算相应的作业数据，从而平稳、有效地运行。

6. WMS 实时过程

1) 需求分析调研

详细的需求分析调研工作是一个项目取得成功的基础保障。需求分析工作包括了解业主机构设置、人员安排、生产工艺和流程、各方面业主人员的书面和口头交流、收集原始资料、向业主做概念培训等，最后给出双方签字的需求分析报告。

2) 系统详细设计

在详细需求分析的基础上，开始系统详细设计。系统详细设计包括软/硬件方案最后确立、概念模型和数据模型的建立等，以及本地开发的软件模块的划分和连接规则的制定，管理策略和调度策略的确定。

3) 系统程序设计及编程

在程序设计和编程阶段，程序员对每个功能模块进行本地化开发，设计数据报表、打印程序等。

4) 调试

调试分为设计后调试和现场调试。在全部编程工作结束且每一功能模块单独测试后，在程序开发地建立离线仿真运行环境，对各功能模块进行联合调试。现场调试是指将数据库和软件在现场安装完毕后进行的调试。调试又分为软件调试和软硬件联合调试。

5) 试运行

经过调试后的系统进入试运行阶段。试运行阶段包括实验数据的输入、实验托盘的入/出库操作、库存数据的核查、硬件设备的磨合以及人员的操作培训等。在试运行阶段对系统的运行状况进行详细记录，提供详尽的试运行日志，及时解决发现的问题。试运行阶段也是系统逐步达到最大能力的阶段。

6) 转入系统上线

试运行阶段结束后，即转入系统上线。

10.2　监控调度系统

10.2.1　SSWCS 主界面介绍

新松自动化物流调度系统，简称 SSWCS。调度系统主界面操作步骤如下。

(1) 打开计算机进入 Windows 操作系统，

(2) 打开 WMS 软件。

(3) 打开接口软件，并启动接口。

(4) 打开 SSWCS 软件。

(5) 打开 SSWCS 软件会自动弹出设备开机自检状态信息，如图 10.53 所示，若出现故障，则软件相应设备上会变成红色，绿色表示运行状态。

(6) 打开 SSWCS 软件，选择用户并填写密码，登录系统主界面，如图 10.54 所示。最上端界面如图 10.55 所示。

开机设备自检状态			
堆垛机：	正常 (空闲)	输送线12021：	正常 (空闲)
RGV13001：	正常 (空闲)	输送线12022：	正常 (空闲)
机械手：	正常 (空闲)	输送线12023：	正常 (空闲)
输送线12001：	正常 (空闲)	输送线12024：	正常 (空闲)
输送线12002：	正常 (空闲)	输送线12025：	正常 (空闲)
输送线12003：	正常 (空闲)	输送线12026：	正常 (空闲)
输送线12004：	正常 (空闲)	输送线12027：	正常 (空闲)
输送线12005：	正常 (空闲)	输送线12028：	正常 (空闲)
输送线12006：	正常 (空闲)	输送线12029：	正常 (空闲)
输送线12007：	正常 (空闲)	输送线12030：	正常 (空闲)
输送线12008：	正常 (空闲)	输送线12031：	正常 (空闲)
输送线12009：	正常 (空闲)	输送线12032：	正常 (空闲)
输送线12010：	正常 (空闲)	入库口防护光栅：	正常
输送线12011：	正常 (空闲)	转轨机轮对检测光电：	正常
输送线12012：	正常 (空闲)	转轨机推出到达地面检测光栅：	正常
输送线12013：	正常 (空闲)	防护口的防护光栅：	正常
输送线12014：	正常 (空闲)	轮对的地面缓存检测光电：	正常
输送线12015：	正常 (空闲)		
输送线12016：	正常 (空闲)		
输送线12017：	正常 (空闲)		
输送线12018：	正常 (空闲)		
输送线12019：	正常 (空闲)		
输送线12020：	正常 (空闲)		

图 10.53　设备开机自检状态信息

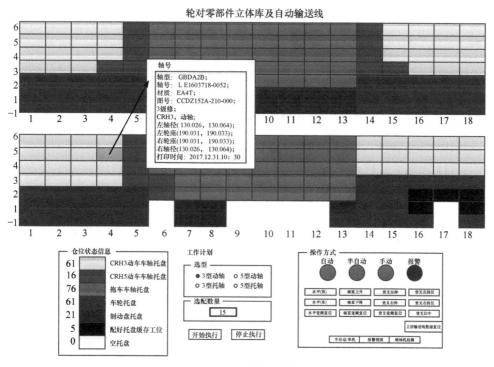

图 10.54　系统主界面

图 10.55　最上端界面

(7) 初始化，单击"系统初始化"按钮，如图 10.56 所示。

(8) 获取任务，图 10.57 中打对钩的为可以获取任务的巷道。

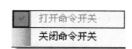

图 10.56　系统初始化界面　　　　　　　图 10.57　获取任务图

(9) 调度控制，图 10.58 中打对钩的为选中状态，打开命令开关会自动生成堆垛机回原点任务(自检任务)。

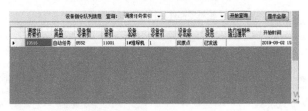

图 10.58　打开命令开关图标

(10) 任务管理，如图 10.59 所示。

(11) 黑匣子管理，如图 10.60 所示。

(12) 用户管理，如图 10.61 所示。

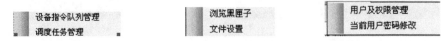

图 10.59　调度任务管理下拉菜单　图 10.60　浏览黑匣子下拉菜单　图 10.61　用户管理下拉菜单

(13) 退出系统，单击"退出系统"后实现此操作。

10.2.2　SSWCS 监控界面

SSWCS 监控界面操作界面如下。

(1) 每个设备都需要有设备索引、载货显示、设备状态等信息。设备状态如图 10.62 所示。

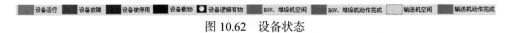

图 10.62　设备状态

(2) 人工拣选站台、与移动设备交互的设备标记入/出库方向，如图 10.63 所示。

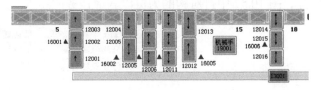

图 10.63　入/出库方向

(3) 货架的列坐标需要采用文本标明，巷道设备索引在界面注明，如图 10.64 所示。

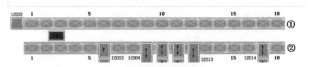

图 10.64　巷道设备索引界面

(4) 移动设备的空闲状态需要使用亮色突出显示，如图 10.65 所示。

图 10.65　移动设备的空闲状态显示界面

(5) 电气设备可以实时反馈信息，单击"设备"按钮后，弹出详细设备状态说明，如图 10.66 所示。

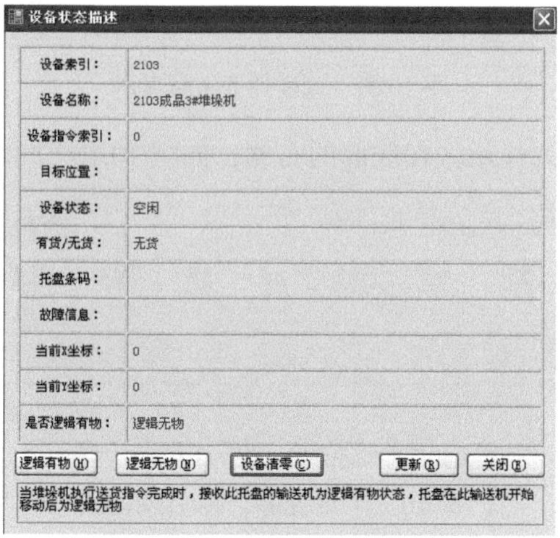

图 10.66　详细设备状态说明

10.2.3　SSWCS 数据显示区和异常提示栏

SSWCS 数据显示区和异常提示栏操作界面如下。

(1) 调度任务显示区在底部的左侧，如图 10.67 所示。

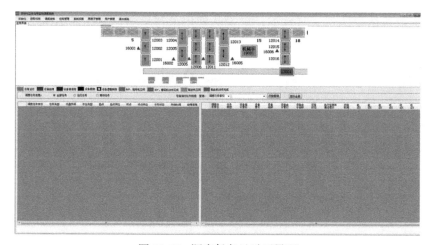

图 10.67　调度任务显示区界面

(2) 调度任务快捷分类检索，如图 10.68 所示。

调度任务信息：　◉ 全部任务　　◯ 运行任务　　◯ 等待任务

图 10.68　调度任务快捷分类检索

(3) 调度任务实时显示，如图 10.69 所示。

调度任务索引	任务类型	托盘条码	作业类型	起点仓库	起点	起点货位	终点仓库	终点	终点货位	任务状态	开始时间	结束时间	故障信息
13016	自动任务	ж342234234	移库	12	2601	01-04-08	12	2601	01-10-08	等待执行	-	-	-
13017	自动任务	HW12345678	入库	12	2203	-	12	2802	03-13-05	等待执行	-	-	-
13018	自动任务	HW12345678	入库	12	2212	-	12	2803	05-16-04	等待执行	-	-	-

图 10.69　调度任务实时显示

(4) 设备指令队列显示区在底部的右侧，如图 10.70 所示。

图 10.70　设备指令队列显示区

(5) 设备指令队列快捷检索，如图 10.71 所示。

图 10.71　设备指令队列快捷检索

(6) 设备指令队列实时显示：报警队列记录背景颜色变红显示(即灰色阴影部分)，如图 10.72 所示。

调度任务索引	任务类型	设备指令索引	设备索引	设备名称	设备命令序列	设备命令名称	设备状态	开始时间	结束时间	起点Z	起点X	起点Y	终点Z	终点X	终点Y	附加信息
13016	自动任务	23030	2101	2101成品1#堆栈机	2	将取	等待执行	-	-	1	4	8	1	10	8	ж342234234
13016	自动任务	23031	2101	2101成品1#堆栈机	4	取货	等待执行	-	-	1	4	8	1	10	8	ж342234234
13016	自动任务	23032	2101	2101成品1#堆栈机	3	将送	等待执行	-	-	1	4	8	1	10	8	ж342234234
13016	自动任务	23033	2101	2101成品1#堆栈机	5	送货	等待执行	-	-	1	4	8	1	10	8	ж342234234
13017	自动任务	23035	2203	2203	6	送出	等待执行	-	-	2203	0	0	2207	0	0	HW12345678
13017	自动任务	23036	2102	2102成品2#堆栈机	2	将取	等待执行	-	-	2	1	0	13	6	8	HW12345678
13017	自动任务	23037	2102	2102成品2#堆栈机	4	取货	等待执行	-	-	2	1	0	13	6	8	HW12345670
13017	自动任务	23038	2102	2102成品2#堆栈机	3	将送	等待执行	-	-	2	1	0	13	6	8	HW12345678
13017	自动任务	23039	2102	2102成品2#堆栈机	5	送货	等待执行	-	-	2	1	0	13	6	8	HW12345678

图 10.72　设备指令队列

(7) 报警队列示例，如图 10.73 所示。

10741	自动任务	9484	2258	2258		送货	手动	2009-09-06 09:46:09Z			2258	0	0	0	0	0	3453453453
10741	自动任务	9485	2301	2301成品入库字轨车	4	右接货	联机或急停屏蔽停止	2009-09-06 09:46:09Z			2258	0	0	0	0	0	3453453453

图 10.73　报警队列示例

(8) 系统异常提示栏示例，如图 10.74 所示。

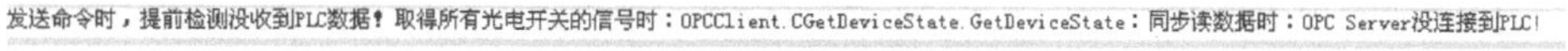

发送命令时，提前检测没收到PLC数据！取得所有光电开关的信号时：OPCClient.CGetDeviceState.GetDeviceState：同步读数据时：OPC Server没连接到PLC！

图 10.74　系统异常提示栏

10.2.4　SSWCS 快捷操作菜单和冒泡提示栏

SSWCS 快捷操作菜单和冒泡提示栏操作界面如下。

(1) 系统快捷操作菜单，如图 10.75 所示。

(2) 冒泡提示栏里有报警信息和传统重要提示信息。

显示主界面
最小化窗口
打开命令开关
关闭命令开关
退出系统

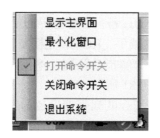

图 10.75　系统快捷操作菜单

10.2.5　SSWCS 功能项

SSWCS 功能项操作步骤如下。

(1) 初始化，重新与 PLC 建立通信连接，如图 10.76 所示。

自动化立体仓库监控调度系统
初始化
获取任务
调度控制
任务管理
黑匣子管理
用户管理
退出系统
监视界面
设备状态图例
设备运行
设备故障
12032
11001
16001
系统初始化

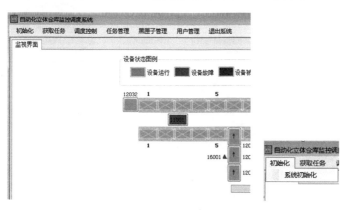

图 10.76　初始化界面

(2) 开始获取任务：按照巷道获取任务，选择“全部巷道”选项表示获取所有巷道任务；选择某一巷道，如果是选中状态，则代表获取此巷道的任务，否则为禁止获取此巷道的任务。图 10.77 表示只获取巷道 2801 和 2803 的任务，禁止获取巷道 2802 的任务。

（3）停止获取任务：不获取任何一个巷道的任务，如图 10.78 所示。

（4）调度控制界面如图 10.79 所示。选择"打开命令开关"选项，开始分解指令队列，开始与所有设备进行通信工作。

图 10.77　开始获取任务界面　　图 10.78　停止获取任务界面　　图 10.79　调度控制界面

（5）打开命令开关后弹出的设备自检状态界面如图 10.80 所示，该界面显示所有的输送线、堆垛机、桁架机械手、RGV、光栅及防护门的状态信息。

（6）关闭命令开关：停止分解指令队列，停止与所有设备的通信工作。执行此功能时有操作提示，如图 10.81 所示。

（7）任务指令管理，设备指令队列管理设备指令队列快捷分类为全部队列、运行队列、等待队列。根据托盘条码、设备指令索引、调度任务索引等分别进行快速查询，如图 10.82 所示。

开机设备自检状态			
堆垛机:	正常（运行）	顶升移载12021:	下位机触摸屏控制
RGV13001:	正常（空闲）	输送线12022:	下位机触摸屏控制
机械手:	正常（空闲）	输送线12023:	下位机触摸屏控制
输送线12001:	下位机触摸屏控制	输送线12024:	下位机触摸屏控制
输送线12002:	下位机触摸屏控制	输送线12025:	下位机触摸屏控制
输送线12003:	下位机触摸屏控制	顶升移载12026:	下位机触摸屏控制
输送线12004:	下位机触摸屏控制	输送线12027:	下位机触摸屏控制
输送线12005:	下位机触摸屏控制	输送线12028:	下位机触摸屏控制
输送线12006:	下位机触摸屏控制	输送线12031:	下位机触摸屏控制
输送线12007:	下位机触摸屏控制	顶升移载12030:	下位机触摸屏控制
输送线12008:	下位机触摸屏控制	输送线12032:	下位机触摸屏控制
输送线12009:	下位机触摸屏控制	入库口防护光栅:	正常
输送线12010:	下位机触摸屏控制	转轨机轮对检测光电:	正常
输送线12011:	下位机触摸屏控制	转轨机推出到达地面检测光栅:	正常
输送线12012:	下位机触摸屏控制	防护门的防护光栅:	有人进入
输送线12013:	下位机触摸屏控制	轮对的地面缓存检测光电:	正常
输送线12014:	下位机触摸屏控制	库前防护门:	正常
输送线12015:	下位机触摸屏控制	库前急停按钮:	正常
输送线12016:	下位机触摸屏控制	压装区防护门:	正常
输送线12017:	下位机触摸屏控制	压装区门及转轨区急停按键:	正常
输送线12018:	下位机触摸屏控制		
输送线12019:	下位机触摸屏控制		
顶升移载12020:	下位机触摸屏控制		

图 10.80　设备自检状态界面

图 10.81　执行关闭命令开关时操作提示界面

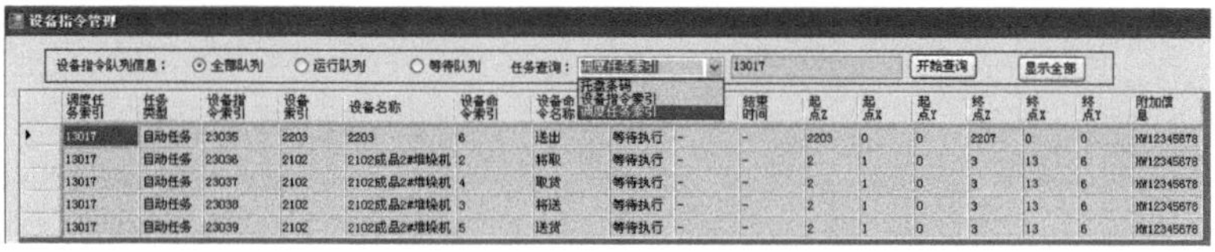

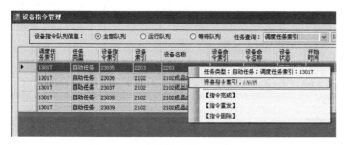

图 10.82　设备指令管理界面

(8) 设备指令队列人工干预：选中一行设备指令信息，右击出现图 10.83 所示菜单。

(9) 配盘时若要进行指令报完成、删除或指令重发操作，则会出现图 10.84 所示界面，勾选"确认指令不需要设备执行"和"确认指令删除"复选框，写入删除、报完成或报重发的原因。图 10.84 底部图片详细给出了配盘时桁架机械手的抓取位置，若机械手出现故障，则按图中位置抓取。

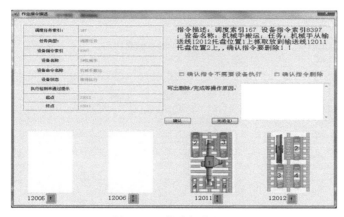

图 10.83　设备指令管理选择界面

图 10.84　指令操作界面

(10) "指令完成"设备指令已经执行完成，由于故障等设备无法上报完成状态，需要人工干预，手工报告指令完成。有操作提示，参照图10.85：①勾选"确认指令执行完成"和"确认指令完成"复选框；②写入上报完成原因及操作员信息；③单击"确定"按钮报完成。

图 10.85　指令完成界面

(11) "指令删除"设备指令已经执行完成，由于故障等设备无法上报完成状态或者不需要执行此设备指令时，需要人工干预，手工进行指令删除。有操作提示，参照图10.86：①勾选"确认指令不需要设备执行"和"确认指令删除"复选框；②写入指令删除原因及操作员信息；③单击"确定"按钮删除。

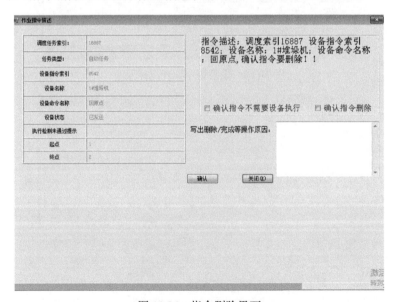

图 10.86　指令删除界面

(12) 调度任务管理界面如图 10.87 所示。

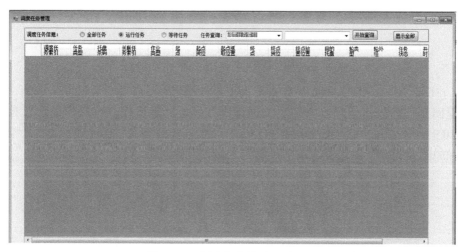

图 10.87　调度任务管理界面

(13) 调度任务快捷分类：全部任务、运行任务、等待任务。根据托盘条码、调度任务索引分别进行快速查询，如图 10.88 所示。

(14) 调度任务人工干预：选中一行调度任务信息，右击出现图 10.89 所示菜单。

(15) "任务完成"调度任务已经执行完成，由于设备故障等无法上报完成状态，需要人工干预，手工报告调度任务完成。有操作提示，参照图 10.90：①勾选

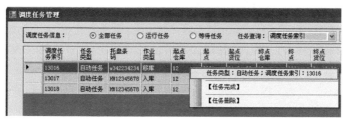

图 10.88　调度任务快速查询界面

图 10.89　调度任务管理界面

"确认任务执行完成"和"确认任务完成"复选框；②写入上报完成原因及操作员信息；③单击"确定"按钮报完成。

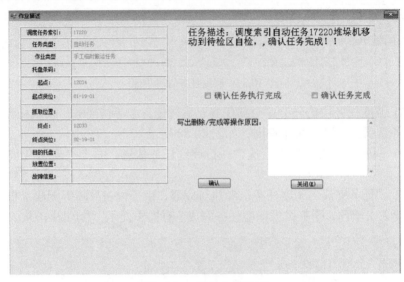

图 10.90　任务完成界面

（16）"任务删除"调度任务由于人工录入错误、故障等已经被人工取消，并且返回到任务起点位置，需要手工进行调度任务删除操作。有操作提示，参照图 10.91：①勾选"确认任务没有执行"和"确认任务删除"复选框；②写入指令删除原因及操作员信息；③单击"确定"按钮删除。

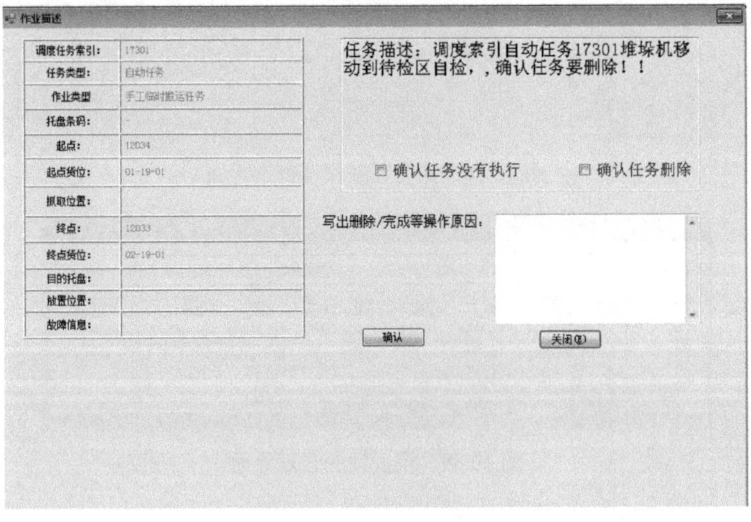

图 10.91　任务删除界面

(17) 入库防护光栅复位界面如图 10.92 所示，选择"入库防护光栅复位"选项后在入库防护栏处按下"托盘入库"按钮即可复位光栅。

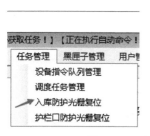

图 10.92　入库防护光栅复位界面与实物图

(18) 护栏口防护光栅复位界面如图 10.93 所示，选择"护栏口防护光栅复位"选项后在护栏口防护栏处按下"防护复位"按钮即可复位光栅。

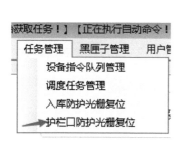

图 10.93　护栏口防护光栅复位界面与实物图

(19) "黑匣子管理"菜单下的"浏览黑匣子"选项如图 10.94 所示，刷新黑匣子显示：单击"刷新"按钮，显示系统最后记录的那个黑匣子文件记录的信息。

清除当前黑匣子文件及显示：单击"清除"按钮，清除系统最后记录的那个黑匣子文件，并且清空界面显示内容。

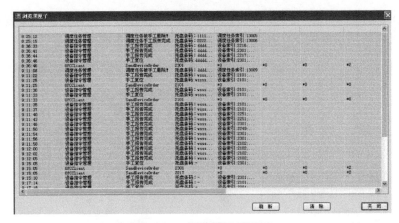

图 10.94　浏览黑匣子界面

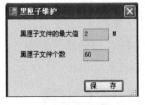

图 10.95　黑匣子维护界面

(20) 文件设置。黑匣子文件的最大值是指系统记录黑匣子文件的最大值，单位为 M，该信息存储在"SSWCS.exe.config"文件内。

黑匣子文件个数是指系统记录黑匣子文件的总个数，默认值是 60，代表最多可以有 60 个最新内容的黑匣子文件，该信息存储在"SSWCS.exe.config"文件内，如图 10.95 所示。

(21) 用户管理界面如图 10.96 所示。用户查询：选择"用户 ID""姓名"选项，选择任何一项后，在右侧下拉列表内选择对应的内容，单击"开始查询"按钮，完成查询，权限和用户信息显示在界面下方的数据栏内。

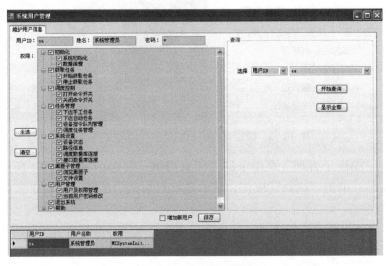

图 10.96　用户管理界面

(22) 增加新用户：输入用户 ID、姓名、密码、分配系统权限，选中"增加新用户"，单击"保存"，弹出操作提示框，如图 10.97 所示。

(23) 设置用户权限及修改用户信息：在查询的修改用户信息中选中一行用户信息，右击，在弹出的快捷菜单内选中"修改"选项，用户信息显示在右侧的信息栏内。可以修改用户姓名、密码，分配用户访问权限(在目录树的节点前项打对钩，表示有权限使用此菜单，否则表示没有权限使用此菜单)，取消"增加新用户"的复选框，单击"保存"按钮，弹出操作提示框，如图 10.98 所示。

图 10.97　增加新用户操作提示框

图 10.98　修改用户信息操作提示框

(24) 当前用户密码修改，如图 10.99 所示。

(25) 验证旧密码后，用户有权限设置新密码，并且输入确认密码后，单击"确认"按钮，弹出操作提示框，如图 10.100 所示。

图 10.99　修改当前用户密码界面

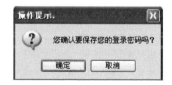

图 10.100　确认密码操作提示框

(26) 单击"退出系统"和主界面的右上角的关闭按钮时，都会弹出操作提示框。

参 考 文 献

[1] 牟茂源. 车辆轮辋螺栓压装系统及工艺设计研究[J]. 设备管理与维修, 2024, (18): 39-41.

[2] 王鹏. 铁路客运智能视频监控系统研究[J]. 电子世界, 2020, (11): 21-22.

[3] 史林丽.《立体仓库焊接式钢结构货架技术条件》标准修订要点[J]. 物流技术与应用, 2010, (01): 28-29.

[4] 陈骥. 关于《钢结构设计规范》(GB 50017—2003)修订的建议[J]. 建筑钢结构进展, 2010, 12(03): 1-6.

[5] 路克宽, 侯兆欣. GB 50205—2001《钢结构工程施工质量验收规范》条文简释[J]. 建筑技术, 2002, (05): 369-375.

[6] 姚勇, 贺志斌, 邵肖, 等. 基于ANSYS蜗轮蜗杆减速器承载能力的优化设计[J]. 林业机械与木工设备, 2024, 52(10): 75-78.

[7] 唐东平. 竖向荷载作用下单榀张弦梁结构静力分析[J]. 广东建材, 2024, 40(12): 111-114.

[8] 张晓青, 王志远, 高勇, 等.高速碎混灭茬耙机架模态分析[J]. 农机使用与维修, 2024, (12): 24-28.

[9] 张学林, 朱少坤, 陈聪昊. 基于 ANSYS 的地震作用下进水塔动力响应分析[J]. 黄河水利职业技术学院学报, 2024, 36(04): 28-33.

[10] 曹志杰. 轴承立体仓储及输送的智能选配系统设计[J]. 起重运输机械, 2023, (14): 15-20.

[11] 李传翔, 杨兵, 杨顺. 铁路货车转向架弹簧视觉检测及机器人智能选配系统研究[J]. 铁道机车车辆, 2021, 41(06): 35-39.

[12] 张玉广, 张翼风. 基于 MCD 的龙门桁架机械手自动入库系统设计[J]. 工业控制计算机, 2024, 37(09): 70-72.

[13] 赵惊涛,阮进红,何颖,等.基于单片机的配网变压器能耗自动控制系统设计[J].自动化应用,2024,65(24):76-78.

[14] 朱叶艇, 龚卫, 秦元, 等. 基于目标总推力矢量的盾构推进油缸压力闭环控制技术[J]. 现代隧道技术, 2022, 59(05): 170-178.

[15] 章艇. 步进电机加减速的 S 曲线控制[J]. 科技创新与应用, 2016, (12): 121.

[16] 孔祥鑫, 刘峰春, 冯海波, 等. 地面无人平台用柴电混合动力装置噪声源识别与降噪研究[J]. 车用发动机, 2024, (06): 38-44.

[17] 杨红娟, 周谦, 李凯凯, 等. 基于有轨制导车辆的多维度电梯物理模型建立与控制系统研究[J]. 中国工程机械学报, 2021, 19(03): 201-206.

[18] 吴延好, 许金, 李想, 等. 高速直线运行交流刷轨滑触供电接触特性[J]. 华中科技大学学报(自然科学版), 2022, 50(05): 66-72.

[19] 杨伟, 赵志鹏, 赵云. 交流变压变频调速电梯的技术探讨和研究[J]. 品牌与标准化, 2024, (04): 85-87.

[20] 孙根云, 孙超, 张爱竹. 融合多尺度与边缘特征的道路提取网络[J]. 测绘学报, 2024, 53(12): 2233-2243.

[21] 李荣彬. 基于霍夫变换算法的车载视频车道线检测[J]. 电脑编程技巧与维护, 2024, (02): 131-134.

[22] 丁岩, 张乃文, 杨超, 等. 用于校正大视场共轴光学系统畸变的自由曲面设计方法[J]. 红外与激光工程, 2024, 53(06): 106-114.

[23] 兰颖华. 基于鱼眼相机非线性畸变图像的目标测量方法[D]. 太原: 中北大学, 2023.

[24] 黄超, 茅健, 徐斌, 等. 基于最小外接矩形和Hough变换的定位算法[J]. 组合机床与自动化加工技术, 2021, (08): 66-71.

[25] 朱曾生, 佟强, 杨大利, 等. 面向工业现场的矩形工件定位算法[J]. 北京信息科技大学学报(自然科学版), 2023, 38(03): 66-71.

[26] 樊甫江, 时国栋, 吴升清, 等. 基于数学形态学的表面原子熔融相的STM图像识别算法[J]. 原子与分子物理学报, 2021, 38(06): 21-26.

[27] 陈元枝, 邓艳, 史绍亮, 等. 基于Zxing的彩色QR码生成与识别方法[J]. 桂林电子科技大学学报, 2016, 36(04): 333-337.

[28] 邹哈宏. 一种立体车库的智能快速移载装置: 中国, CN201910756425.8[P]. 2021-07-20.

[29] 张挺, 苗中银. 家具原材板垛在辊筒输送机上的动静态力学分析[J]. 机电工程技术, 2020, 49(08): 93-94.

[30] 王涛, 袁天梦, 刘晓琳, 等. 基于分布式控制系统的光电传感器智能控制[J]. 自动化技术与应用, 2024, 43(12): 39-42.

[31] 覃永仁. 基于罗克韦尔PLC的智能星辊输送机控制系统设计[J]. 科学技术创新, 2024, (16): 1-4.

[32] 赵宏亮, 雷帅锋, 英鑫, 等. 一种红外光通信设备在自动导航车(AGV)上的应用[J]. 新技术新工艺, 2023, 432(12): 1-6.

[33] 韦钊, 杨大山, 梁林. 基于PLC通信的矿山应急微电网控制策略[J]. 工矿自动化, 2024, 50(01): 194-199.

[34] 晁智翔, 王悦, 程绍辉. 基于GIS的煤矿井下安全监控智能化管理策略[J]. 内蒙古煤炭经济, 2024, (23): 97-99.

[35] 杜刚. 自动化技术在配电网不停电作业中的应用[J]. 集成电路应用, 2024, 41(11): 340-341.

[36] 戚光远. 智慧物流背景下物流快递课程体系研究[J]. 商场现代化, 2025, (02): 55-57.

[37] 陈雪. 我院物资管理系统与物流集成化管理模式探讨[J]. 中国医疗设备, 2014, 29(02): 96-98, 76.

[38] 金学奇, 张静, 由甲川, 等. 基于攻击检测与补偿的安全分布式电压调度控制[J]. 控制工程, 2024, 31(12): 2244-2249.

[39] 郎新星, 康永新. 自动化立体仓库WCS的设计与实现[J]. 物流技术, 2021, 40(09): 94-97, 104.

[40] 杨玲玲, 薛金成, 冯睿. 机房不间断电源系统日常维护管理[J]. 冶金动力, 2024, (06): 13-16.

[41] 高超. 中低速磁浮信号系统接口工程联调技术研究[J]. 中国高新科技, 2022, (24): 72-74.

[42] 李海, 张钦, 侯新娟. USB协议分析在"计算机原理与接口技术"课程中的实践[J]. 实验技术与管理, 2021, 38(08): 169-172, 178.

[43] 郭雪. 大数据背景下数据库安全访问技术分析与研究[J]. 数字通信世界, 2024, (12): 129-131.

[44] 安军. 高校信息系统用户及权限统一管理的规划研究[J]. 电脑知识与技术, 2022, 18(18): 12-14.

[45] 丁艳, 王鹏, 王闯, 等. 基于属性的操作系统动态强制访问控制机制[J]. 计算机工程与科学, 2023, 45(10): 1770-1778.

[46] 苏博, 李惠娇, 管冬河. 数智化背景下 ERP 系统的发展机遇与挑战研究[J]. 现代信息科技, 2024, 8(23): 138-144.

[47] 高子陵. 高效能 WMS 管理系统构建与应用[J]. 科技视界, 2024, 14(14): 46-49.

[48] 周兴, 秦政, 蔡婉琪, 等. 物联网技术在配网不停电作业管理系统中的应用分析[J]. 电力设备管理, 2024, (15): 143-145.

[49] 刘玥旻, 严涵, 阮璇, 等. 电网调控一体化智能监控系统研究及应用[J]. 云南电业, 2024, (12): 18-21.

[50] 孙达, 王野牧, 赵世洋. 基于模糊 PID 的旋压机进给系统动态仿真[J]. 机械工程师, 2024, (07): 55-58.

[51] 朱莉, 李雷. 人机交互界面设计的创新探索与无限可能[J]. 创意世界, 2024, (10): 58-59.

[52] 屈云祥, 侯佳浩, 潘成龙. 矿山机电设备远程控制技术的应用[J]. 内蒙古煤炭经济, 2024, (17): 154-156.